HOMERO

La Ilíada y La Odisea

Colección Estrella
EDITORIAL SIGMAR

Adaptación de Julia Daroqui

Ilustraciones de Santos Martínez Koch

La Ilíada

EN este poema celebra Homero los sucesos de la guerra de Troya, ciudad llamada Illion entre los griegos.

Iban ya por el décimo año de lucha griegos y troyanos, librando combates sangrientos que dejaban sobre la inmensa planicie del campo de batalla tendal de muertos y heridos. ¿Por qué combatían? ¿Cuál había sido la causa de esta guerra que parecía no tener fin entre los troyanos amurallados en su ciudad y los griegos acampados en la playa, junto a sus naves? Todo partió de una ofensa inferida por Paris, hijo de Príamo, rey de Troya, a Menelao, rey de Esparta.

La esposa de Menelao, Helena, era una mujer de extraordinaria belleza. Muchos fueron los pretendientes que aspiraron a su mano, y ellos mismos decidieron que la joven eligiera por sí misma, prometiendo acatar su elección. Helena se inclinó por Menelao y con él se casó.

Reina por su rango y hermosura, Helena vivía feliz en su palacio, junto a un esposo que la adoraba. Asuntos del reino llevaron un día a Menelao a través del mar. Y esta ausencia del soberano de Esparta coincidió con la llegada al país del príncipe troyano, Paris, a quien la diosa Venus había prometido ofrecerle la mujer más hermosa de la tierra.

Un día tuvo Paris la oportunidad de ver a Helena en el templo. La seductora belleza y la gracia exquisita de aquella joven impresionaron profundamente al príncipe, que no dudó ni un momento de que ella era la mujer indicada por Venus. Logró ser presentado a Helena, quien a su vez se sintió atraída hacia Paris, y su profundo amor lo impulsó a un acto temerario: robó a Helena y con ella regresó a Troya.

Terrible fue la cólera de Menelao cuando a su regreso supo lo ocurrido. Levantó a su pueblo en armas y obtuvo la ayuda de otros jefes griegos dispuestos a combatir a su lado contra los ofensores. Entre ellos, su hermano Agamenón, rey poderoso a quien se designó general en jefe del ejército, y Aquiles, valiente entre los valientes. A través del mar llevaron las orgullosas naves griegas miles de guerreros hasta las playas enemigas. Y allí, en la llanura que se extendía entre el mar y la ciudad de Troya, erguida entre murallas, levantaron sus tiendas de campaña.

Largos años de lucha siguieron al desembarco de los griegos, sin que la victoria ciñera sus laureles en las sienes de griegos o troyanos, cuya suerte variaba según el humor de los dioses.

Invocando a una de estas deidades del Olimpo, comienza el célebre relato que evoca uno de los episodios más heroicos de la larga guerra: "Canta, ¡oh diosa!, la cólera de Aquiles..."

I. LA IRA DE AQUILES

Diez años llevaba ya el sitio frente a las murallas de Troya, cuando un inesperado suceso desencadenó la ira de Aquiles contra Agamenón, sembrando la discordia en el campo griego. Una terrible peste azotaba al ejército sitiador, y los soldados morían como moscas. Inquieto Aquiles, convocó a los jefes a una asamblea y supo entonces la causa de aquel castigo: Agamenón había robado una joven llamada Criseida, a quien guardaba en su tienda como esclava, y no habiendo podido rescatarla su padre, sacerdote de Apolo, había desatado contra el ejército griego la ira del dios. Por consejo de Aquiles y para aplacar a Apolo, decidieron los príncipes que Agamenón devolviera a Criseida.

Accedió aquél de mala gana, y lleno de frío furor contra Aquiles, le exigió a cambio la entrega de su esclava Briseida, a quien mandó sacar de la tienda del valiente guerrero. Briseida lloró desesperadamente, pero tuvo que inclinarse ante la voluntad del rey. Aquiles, por su parte, humillado, dolorido y lleno de indignación, juró no combatir ya junto a los griegos, y se retiró a su campamento seguido de sus hombres y de su fiel amigo Patroclo. Desde entonces permaneció cerca de sus naves, sin asistir a los consejos de guerra ni sumar su esfuerzo a la lucha; y aún más, invocó a los dioses para que concediera el triunfo a los troyanos.

El ruego, apoyado por su madre, Tetis, diosa del mar, llegó a Júpiter todopoderoso, quien dispuso que Agamenón tuviera un sueño engañoso; en ese sueño se le ordenaba lanzarse al combate con el total de sus fuerzas. El rey griego así lo dispuso. Largas filas de soldados se pusieron en movimiento, y el resplandor de sus armaduras, brillando al sol, parecían relumbrones de un incendio en la selva, cuando las llamas estiran sus lenguas ardientes hasta el cielo, en tanto que el continuo afluir de guerreros que bajaban de las naves para unirse a las columnas en marcha, cubrió la llanura como la primavera cubre el suelo de flores y de hojas. Una vez que todos los pueblos que componían el ejército atacante estuvieron reunidos, cada

uno con su jefe, iniciaron sin más, el avance.

Pronto estuvieron frente a frente ambos ejércitos, y desde el campo griego pudo verse, entre los troyanos, la hermosa figura de Paris, envuelto en su piel de leopardo, armado de arco y espada y sosteniendo dos lanzas terminadas en aguda punta de cobre, que avanzaba erguido y amenazante. Con potente voz que dominó el estruendo de los ejércitos en marcha, desafió a quien fuera el más valiente de los griegos a sostener con él un combate singular.

No había acabado de lanzar su desafío, cuando Menelao, lleno de gozo ante la oportunidad que se le presentaba, saltó de su carro y se plantó ante él.

Al verlo, llenóse Paris de temor, y dejando a un lado su arrogancia, retrocedió, escondiéndose entre los guerreros de su patria. Así huyó Paris ante Menelao, al igual que el hombre que en medio de la espesura de la selva ve avanzar hacia él un pavoroso dragón y corre a ocultarse, pálido y tembloroso. No pudo menos Héctor, también hijo de Príamo y valiente domador de caballos, que llenarlo de injurias, a lo cual respondió Paris, arrepentido de su acción.

—Son justos tus reproches y los merezco. Puesto que es tu deseo que luche, así lo haré. Detengan su avance griegos y troyanos, y Melenao y yo disputaremos a Helena frente a frente. Quien triunfe, se llevará a la reina, y que vuelvan los griegos a su país.

Lleno de alegría corrió Héctor a interponerse arrojadamente entre los dos ejércitos, lanza en mano, y aunque al principio sufrió el ataque de las avanzadas griegas que no comprendían su acción, fueron éstas detenidas por Agamenón que advirtió que Héctor, el del casco tremolante, tenía un mensaje que decir. Cuando por fin le oyeron, sintieron gran gozo ambos bandos por suponer que aquel combate sería el fin de la guerra.

Aceptada la propuesta de Paris, envió Héctor un mensajero a su padre el rey Príamo dándole aviso del singular combate, y el anciano se instaló en elevada torre para contemplarlo; allí se le reunió la llorosa Helena, más hermosa que nunca bajo el manto blanco con que se había cubierto.

Correspondió a Héctor por los troyanos y a Ulises por los griegos medir el campo, y una vez cumplido esto echaron suertes para ver a quién correspondería arrojar primero la lanza. Héctor, el del casco tremolante, sacó la suerte de Paris. Entonces el troyano vistió su armadura, cubrió la hermosa cabeza con

el casco en cuya cimera ondeaba el penacho de crines y asió la potente lanza. También Menelao se dispuso para el combate, y ya todo en orden, avanzaron ante los dos ejércitos anhelantes, echando chispas por los ojos.

Dio Menelao terrible golpe con su lanza contra el escudo de Paris, atravesándolo, y mal lo hubiera pasado el troyano a no ser por haber logrado esquivar el cuerpo, con lo cual, la punta de la lanza, rozando la coraza, sólo alcanzó a rasgar su túnica. Rápido, sacó Menelao la espada y se lanzó sobre su enemigo, pero la espada se le quebró en pedazos contra el casco. Lleno de furor, volvió a abalanzarse sobre Paris y tomándolo por las flotantes crines del casco lo arrastró hacia el campo griego, ahogándole o poco menos con la correa. A punto estuvo de lograr su propósito; pero la diosa Venus corrió en ayuda del troyano y cortó la correa, con lo que Menelao quedó con el casco vacío entre las manos y Paris, protegido por espesa niebla esparcida por la diosa, huyó a su palacio. Así terminó el combate y así triunfó Menelao, que reclamó a los troyanos el premio convenido.

Vacilaban éstos ante el compromiso de dar cumplimiento a su promesa. Pero la derrota de Paris era un hecho y Menelao pedía justicia. Entonces se reunieron los dioses del Olimpo para decidir la suerte de Troya.

La diosa Juno se inclinó por los sitiados, y convenció a Júpiter todopoderoso de que les ordenara romper el pacto; lo cual se ajustaba a los deseos de los troyanos que, en formación de batalla, avanzaron sobre el enemigo.

Apoderóse la cólera de los jefes griegos ante aquella burla y los dos ejércitos se lanzaron uno contra el otro en terrible lucha. No permanecieron ajenos a ella los dioses del Olimpo, y ya bajo la protección de unos, ya bajo la protección de otros, la suerte favoreció alternativamente a ambos bandos hasta que Júpiter, poseído de tremendo enojo, obligó a los troyanos a abandonar el campo. Con lo cual salieron favorecidos los griegos, que volvieron a ganar terreno.

II. EL OFRECIMIENTO DE PATROCLO

HÉCTOR sintió llenársele el alma de desesperación ante tan grave revés, ya que sus tropas huían en desbandada. Entendiendo que sólo un recurso le quedaba, regresó prestamente a Troya a suplicar a su madre que fuera al templo a invocar de nuevo el favor de los dioses. Y cumplida esta misión, volvió al campo de batalla acompañado de su hermano Paris. Héctor, henchido de valor y entusiasmo hizo renacer el ánimo a los troyanos, y fueron tales y tan grandes sus actos de arrojo, que otra vez puso en peligro la suerte de los griegos. Llegada la noche, se dio término al combate; pero Héctor velaba, y el ejército troyano permaneció alerta.

El desánimo había cundido en las filas griegas, y Agamenón desesperaba de salvar sus fuerzas. Pero los generales no admitieron su opinión de que todo cuanto quedaba por hacer era retirarse, y decidieron intentar un nuevo acercamiento con Aquiles, para lo cual enviaron a Ulises y Ayax a entrevistarlo en su nave. Aquiles permaneció inflexible: jamás daría su ayuda a Agamenón contra los troyanos. Y con tan infausta noticia volvieron los mensajeros al campamento. Sacando fuerzas de su propia desesperación, los jefes griegos alentaron a sus hombres y dispusieron todo para librar batalla al siguiente día.

En aquella jornada, hizo Agamenón prodi-

gios de arrojo y valentía, y aun en el momento en que fue herido, se negó a dejar el campo de batalla. Hasta que por fin lo abandonaron las fuerzas y, trepando de un salto a su carro, volvió con el corazón destrozado a su tienda. Héctor, al advertir esto, alentó con grandes voces a los troyanos. Su empuje dio ánimos a las tropas, que viéndolo abrirse paso entre los enemigos con el furor de la tempestad, lo siguieron briosamente. Aquiles, desde su nave, contempló la fuga de los griegos sin que su corazón fuera movido a compasión. Sólo que, volviéndose hacia su entrañable amigo Patroclo, dijo con fría voz:

—Ahora es cuando vendrán a suplicarme otra vez. Ya no pueden pasarse sin mí.

Patroclo sintió que ardientes lágrimas corrían por sus mejillas, a tal punto su corazón estaba lleno de dolor por el desastre sufrido por los griegos.

—¡Oh, Aquiles! —exclamó—. ¡Oh, Aquiles, el más valiente entre los valientes! No te enojes por estas lágrimas que vierto al ver a nuestros compatriotas reducidos a tan tremenda humillación. Los más valerosos de los nuestros han sido heridos; y tú no te sientes conmovido por ello. ¿No te duele la desgracia de los amigos? Si tú no quieres ir, envíame a mí al frente de tus tropas, y veré si puedo ser para ellos como una aurora de salvación. Deja que me cubra con tu armadura para que los troyanos, confundiéndome contigo, retrocedan llenos de temor, en tanto los griegos sientan volver el ánimo a sus corazones.

Quedó pensativo Aquiles, el de los pies ligeros, y realmente dolorido reprochó a Patroclo que no alcanzara a ver cuál era el motivo que lo había impulsado a mantener su quietud ante las penurias de sus compatriotas.

—Pero no quiero recordar el pasado y avivar una cólera que había jurado no deponer hasta que el enemigo estuviera sobre mis naves. Ve, Patroclo, amigo querido, cubre tus hombros con mi armadura y lleva mis tropas a la pelea. ¡Pronto, Patroclo, cae como el rayo sobre ellos!

Púsose Patroclo entonces la brillante armadura de bronce, protegió el pecho con la coraza reluciente de estrellas doradas, ciñó espada y escudo, y cubriéndose la cabeza con el casco ornado de airoso penacho sobre la altiva cimera, se dispuso para la batalla blandiendo dos fuertes picas. Sólo dejó la potente lanza que nadie más que el bravo Aquiles podía sostener. Este le ayudó en sus preparativos, y arengó a sus hombres:

—¡Id al combate contra los troyanos, y haced que vean el peligro de que se han librado sólo porque hubo alguien que contuvo vuestra bravura!

Partieron los soldados. Patroclo, animado de entusiasmo febril, iba al frente guiándolos. Cuando la última señal de aquel brillante río humano desapareció, Aquiles volvió a entrar en su tienda, y llenando de rojo vino una copa hermosamente cincelada, elevó los ojos al cielo y oró a Júpiter:

—¡Oh, dios soberano! Cuando antes te invoqué, escuchaste mis palabras e hiciste caer tu rigor sobre el pueblo griego. Escucha también ahora mi plegaria. Me quedaré en la tienda, junto a las naves; no combatiré. Pero envío a la lucha a mi amigo más querido. Dale valor suficiente para que Héctor vea cómo sabe luchar solo, y haz que lo corone la victoria. Y haz también que Patroclo vuelva ileso después de arrojar a los enemigos de la playa.

Su plegaria fue escuchada por Júpiter, pero sólo uno de los dos ruegos le fue concedido por el dios: los troyanos serían obligados a alejarse de las naves, pero su amigo no regresaría ileso de la batalla.

Patroclo se lanzó a la lucha con denodado valor, allí donde más enemigos había, allí se alzaba siempre su figura. El fue quien mató al jefe contrario, quien llenó de terror a los troyanos, quien los alejó de los bajeles, y quien apagó el crepitante fuego que aquéllos habían encendido para quemar las naves. Y así como en los días serenos se cierne de pronto en el cielo una oscura nube amenazante, así fue Patroclo para los troyanos, como una tempestad fulminante. Huyeron de junto a las naves desordenadamente, y corrieron al foso tratando de salvarlo a toda prisa.

El propio Héctor fue sacado de la lucha por sus caballos espantados, y dejó a las tropas libradas a su suerte. Así fue como escapó de la persecución de Patroclo, que sólo alcanzó a verlo correr a la distancia.

Patroclo se multiplicaba al frente de los hombres de Aquiles, y no hay duda de que los griegos hubieran tomado Troya, la de las altas puertas, si Apolo, erguido en la más elevada de las torres de la muralla, no se hubiera propuesto detenerlo y ayudar a los troyanos. Tres veces se acercó Patroclo peligrosamente, y tres veces lo hizo retroceder el dios agitando su refulgente escudo. Héctor había detenido su carro junto a las puertas y no sabía si volver al combate o dar orden a sus tropas de guarecerse por el momento tras las murallas, cuando Apolo se presentó.

—Vuelve al campo —le aconsejó el dios—, a ti te corresponderá vengar esta afrentosa huida con la muerte de Patroclo.

Y diciendo esto, el mismo Apolo se lanzó a la batalla. Allí seguía Patroclo, arremetiendo sin cesar contra los enemigos, metiéndose entre sus filas y alentando a sus hombres con grandes voces. Orgulloso de sus proezas y enceguecido de valor, volvió a la carga, sin advertir que ése sería el término de sus hazañas y de su vida. Apolo, envuelto en espesa nube, salió a su encuentro y poniéndose detrás del héroe, lo golpeó fuertemente en la espalda. Se nubló la vista del valiente griego y un vértigo terrible se apoderó de él bajo el peso de aquella mano divina. Apolo aprovechó su momentánea debilidad para quitarle el casco, que rodó por la tierra.

Inmóvil y paralizado por el terror quedó entonces Patroclo; y por primera vez, lo alcanzó la lanza de un troyano que huyó tras de dar el golpe. Castigado por el dios, herido de lanza y desarmado, quiso Patroclo retroceder hacia sus compañeros para protegerse contra una muerte segura. Pero Héctor lo vio, herido y debilitado, y corrió tras él, dándole alcance. Terrible fue el embate de su lanza contra el valiente jefe de los griegos, y el héroe cayó para siempre, con gran dolor de sus guerreros.

Como la batalla tenía lugar lejos de las naves, Aquiles ignoraba cuanto en ella ocurría. Sabía que Patroclo y sus tropas luchaban junto a los muros de Troya, y aunque no creía que triunfase en el asalto a la ciudad, tampoco creía que hubiese muerto. En tanto los troyanos continuaban en su esfuerzo de detener a los griegos, se encargó al veloz Antíloco que corriese a dar cuenta de las nuevas a Aquiles.

—Escúchame con tranquilidad, ¡oh, valiente Aquiles!, que traigo una triste noticia —comenzó a decir, acongojado, Antíloco, derramando abundantes lágrimas—. ¡Patroclo ha muerto! Y ahora, griegos y troyanos están luchando por apoderarse de su cuerpo, al que Héctor ha quitado su armadura.

Honda desesperación se apoderó de Aquiles. Sus esclavas, rodeándolo, lo acompañaron con el llanto. Su dolor era tan intenso, que llegó a conocimiento de su madre, la diosa Tetis, en las profundidades del mar. Seguida de su corte de nereidas surgió de las olas junto a las playas de Troya y se presentó a su hijo. Al verla, lamentóse el héroe ante ella por no haber sido capaz de librar a Patroclo de su terrible suerte.

—Mi amigo ha muerto mientras yo estaba tranquilamente en mi nave. ¡Oh, maldita ira la que se apoderó de mí contra Agamenón y me hizo abandonar a tantos compañeros! Ojalá la discordia sea extirpada de la tierra para siempre. Pero de nada sirven ahora los lamentos. Llegó la hora de la lucha, y no demoraré un instante en ir en busca de Héctor.

Su madre lo llamó a la reflexión. Comprendía que quisiera correr en auxilio de sus compañeros privados de jefe, pero no debía olvidar que su armadura había caído en poder de los enemigos.

—Héctor se ha hecho dueño de ella. Aguarda unas horas, y mañana, con la primera luz del alba, te traeré una nueva fabricada por Vulcano.

Y Tetis, la diosa de los pies de plata, se dirigió al Olimpo en busca de Vulcano, mientras las nereidas volvían a sumergirse en el mar.

Pronto los griegos, perseguidos por Héctor, llegaron en desordenada fuga junto a las naves, sin haber podido rescatar el cuerpo de Patroclo para traerlo con ellos, aunque sus esfuerzos no habían sido del todo vanos, porque por tres veces habían impedido que Héctor lograra llevárselo amarrado de los pies. Pero el príncipe troyano se hubiera salido al fin con la suya, de no acudir la diosa Juno, por medio de una mensajera, junto a Aquiles para impulsarlo a lanzarse prestamente a la lucha.

Argumentó Aquiles que no le era posible, puesto que los troyanos se habían apoderado de sus armas y su madre le había prohibido arriesgarse hasta que le trajera la armadura que habría de ordenar a Vulcano.

—Bastará —le dijo entonces la mensajera de Juno— con que te muestres desde el foso a tus enemigos, para que el temor les haga cesar la lucha.

Así lo hizo Aquiles, sembrando con su presencia gran confusión entre los troyanos. Esto dio oportunidad a los griegos para llevar el cuerpo de Patroclo lejos del alcance enemigo y colocarlo en un lecho donde sus compañeros lo rodearon. Lloraban lágrimas ardientes, y Aquiles más que ninguno de ellos.

III. LAS ARMAS DE VULCANO

CAÍA la noche; al hundirse el sol en el océano, los troyanos se retiraron y antes de disponer la frugal comida nocturna, celebraron consejo. Nadie se atrevió a sentarse, tal era el terror que los dominaba ante la sola presencia de Aquiles. Hubo una voz que recomendó el regreso a Troya, aprovechando las tinieblas de la noche; las tropas no podrían luchar ahora, dominadas por el espanto provocado por Aquiles. Héctor se encolerizó, y con ojos llameantes de ira, se opuso.

—Tanto mejor si Aquiles vuelve al combate —dijo—. Cuanto más se arriesgue, peor para él, porque le haré frente en singular combate y uno de los dos quedará en el campo.

Sus palabras fueron aclamadas con entusiasmo y nadie quiso seguir el sensato consejo de regresar a Troya. Y allí permanecieron, y cenaron mientras los griegos pasaban la noche entre lamentos, junto a Patroclo.

Mientras tanto, Tetis, la diosa de los pies de plata, se presentó ante Vulcano, que trabajaba junto a la fragua en su maravilloso palacio, construido en bronce por el mismo dios, y todo irisado de brillantes estrellas.

—Te ruego que forjes para mi hijo nuevas armas que sustituyan a las que ha perdido.

Encaminóse Vulcano a los fuelles y volviéndolos en dirección a la llama, les dio orden de que trabajasen. Y los fuelles soplaron en veinte hornos, mientras Vulcano, provisto de pesado martillo y tenazas, comenzó a fabricar con oro, bronce, estaño y plata, un escudo impenetrable, primorosamente labrado. Después, hizo una coraza que esplendía como llamas, y un casco magnífico, hermosamente trabajado, con una cimera de oro puro. Y cuando el artista del yunque terminó su tarea y estuvieron listas las armas, las entregó, radiante de alegría, a la madre de Aquiles. En cuanto las tuvo en sus manos voló a llevárselas a su hijo.

Cuando la diosa de los pies de plata llegó al campamento de Aquiles, era tal el estrépito que producía la pesada armadura, que hasta los propios soldados se sintieron aterrados ante su presencia. Pero el júbilo más intenso llenó el pecho del héroe al ver las armas y el brillo del peto, escudo y casco, no fueron más luminosos que sus pupilas cuando recibió de las manos maternas el esperado regalo.

Corrió entonces a la playa, y a grandes voces convocó a todos los jefes griegos. Acudieron en pleno, asombrados al oírlo, y una vez que estuvieron reunidos les comunicó que en ese mismo momento renunciaba a su pasividad para unirse a ellos en la lucha. A esto respondió noblemente Agamenón reconociendo su falta, y la paz se selló así entre los dos valientes.

—Pero ha llegado la hora de la acción —concluyó entonces Aquiles—. No perdamos el tiempo en inútiles palabras que a nada conducen. Es preciso pensar en la batalla.

La voz del prudente Ulises aconsejó entonces no caer en apresuramientos que pudieran tornar peligrosa la situación, y pidió una tregua para que las cansadas tropas recuperaran fuerzas, alimentándose. Pese a la impaciencia de Aquiles, Ulises fue escuchado y así se hizo. Pero Aquiles se negó a probar bocado y permaneció junto al cuerpo de Patroclo, lamentándose una y otra vez de haber enviado a la muerte a tan querido amigo. Sólo le reconfortaba la idea de vengar pronto su desdichado fin.

Tan numerosos como los copos de nieve que Júpiter hace caer sobre la tierra, así surgieron de las naves los cascos relucientes, los escudos marcados con las señales de los rudos encuentros, las fuertes corazas y las largas lanzas que portaban los guerreros. Mientras tanto, Aquiles, impaciente de coraje y hendido de dolor el corazón, cubría su cuerpo con la

nueva armadura, ayudado por sus bravos compañeros. La ira y el furor que sentía contra los troyanos aumentaba por momentos. Y así, enfebrecido, conteniendo su pena y ansioso por correr a la lucha, protegió su pecho con la coraza, colgó del hombro la espada tachonada con clavos de plata y pasó el brazo por el potente escudo que resplandecía a lo lejos como la misma Luna. Después ciñó a la cabeza el formidable yelmo, brillante como un

15

astro en el cielo, y ondearon sobre su cabeza las blancas crines que el divino Vulcano colocara en la cimera de oro. Y por último, dirigiéndose a un rincón de su tienda, tomó una gran caja y sacó de ella la lanza que fuera de su padre, fuerte y terrible, tan pesada que sólo el poderoso Aquiles podía esgrimirla con facilidad.

Afuera, los preparativos continuaban y ya estaban los carros alineados. Subió al suyo Aquiles. Arrancaron velozmente los corceles entre resonante golpetear de cascos y el valiente Aquiles se colocó al frente de sus tropas.

Griegos y troyanos estaban ya dispuestos para el combate, cuando Júpiter convocó a los dioses. Aun cuando el poderoso dios decidió trasladarse a la cumbre del Olimpo pa-

ra ver desde allí la lucha, dejó en libertad a los dioses para favorecer a quien quisieran. Con toda seguridad, si los troyanos eran abandonados por el poder divino, Aquiles terminaría con ellos sin piedad. Resueltos a tomar partido según sus preferencias, bajaron los dioses al campo de batalla. Mientras ellos se habían mantenido alejados del combate, los griegos, animados por el valor que les daba la presencia de Aquiles, sintieron duplicar sus fuerzas, en tanto que el temor más vivo agitó el pecho de los troyanos; pero en cuanto los dioses del Olimpo entraron también en la liza, los dos ejércitos arremetieron con idéntica furia, en tanto Júpiter hacía estremecerse el cielo con retumbar de truenos y Neptuno sacudía la tierra con espantoso temblor.

IV. APOLO INTERVIENE

Así luchaban los dioses unos contra otros, ayudando a griegos y troyanos; y en medio del fragor del terrible combate, Aquiles se abría paso en busca de Héctor. Apolo trató de impedir que lo lograra, y con encendidas palabras incitó al troyano Eneas a salir a su encuentro. Vaciló un momento Eneas, pero impulsado por el dios, se abrió camino hacia la primera fila de combatientes. De tal modo, se vio enfrentarse a los dos valientes.

No perdió el tiempo el troyano y arrojó al momento su poderosa lanza contra el escudo del griego, que resonó con formidable estruendo. Creyó Aquiles por un momento que su escudo cedería a tan potente golpe; pero sus armas habían sido forjadas por los dioses, y tales piezas no pueden ser destruidas por los mortales fácilmente. Tocó entonces el turno a Aquiles, que arrojó la suya. Agachóse Eneas y el arma pasó por encima de su hombro, yendo a clavarse en el suelo. Se lanzó Aquiles sobre él blandiendo la inmensa espada, pero los dioses velaban por el troyano: Neptuno cubrió de niebla la vista de Aquiles y alzando a Eneas lo arrancó del campo de batalla pasando por encima de los ejércitos en lucha. Disipada la niebla que cubría sus ojos, comprendió Aquiles que Eneas acababa de ser protegido por la voluntad divina, y tomando su lanza que había quedado clavada en el suelo, volvió con renovada furia al combate general.

No luchaban con menos fervor en el campo contrario, especialmente Héctor, hijo de Príamo. Pero nadie igualaba a Aquiles, que destruía a sus enemigos a diestro y siniestro, hasta que su potente brazo dio muerte a Polidoro, hermano de Héctor. Enloquecido de dolor, se arrojó Héctor blandiendo su lanza y con el ímpetu del fuego, al encuentro del jefe griego. No pudo Aquiles disimular su alegría al verlo. Su hora había llegado, y amenazó al troyano con terrible voz.

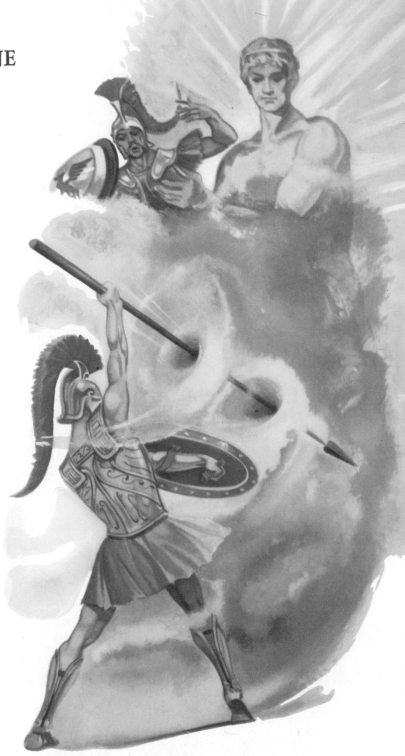

—No me asustas —respondióle Héctor—, aunque sé que tus fuerzas superan a las mías. ¡Pero los dioses habrán de decidir, y puede que yo te arranque la vida!

Al decirlo, arrojó la aguda lanza con todas sus fuerzas, pero la diosa Minerva velaba por Aquiles; le bastó un leve soplo para apartarla

17

de éste y el arma volvió a caer a los pies de Héctor. Prestamente lo acometió entonces el griego, pero Apolo, cubriendo el campo de niebla, arrancó de su sitio al troyano, y por tres veces la formidable lanza de Aquiles arremetió vanamente contra el aire. Y así como al abrasar el fuego las frondosas selvas, agita el viento las llamas en loca danza, así Aquiles giraba enfurecido a un lado y otro con su pica, sembrando la muerte a su paso, en la desesperada búsqueda de Héctor.

Los troyanos huyeron espantados ante aquel furioso remolino que devastaba sus filas, y llegaron a orillas del río Janto, donde se dividieron en dos. Uno de los grupos huyó a través de la llanura en busca de la ciudad, rehaciendo el camino que el día anterior habían recorrido triunfales bajo el mando de Héctor.

El resto se internó en el río, en procura de la salvación por aquel camino.

Desde las torres de la ciudad contemplaba el anciano rey Príamo el desastre de sus tropas; vio a los troyanos huir en desordenada fuga, en medio del polvo, y tras ellos a Aquiles, viva estampa del furor vengador, que los perseguía. Entonces el anciano rey gimió de dolor y bajó de la torre para organizar la defensa y proteger a los fugitivos.

—Dejad las puertas abiertas —dijo a los guardias— para que puedan entrar estos desdichados a quienes Aquiles persigue con te-

rrible saña. Y en cuanto hayan entrado nuestros guerreros, cerradlas y pasad los cerrojos porque ese hombre enloquecido de furia podría entrar tras ellos.

Así fue como los guardias de Troya abrieron las pesadas puertas, salvando de una muerte segura a cientos de troyanos que corrían angustiados en busca del refugio de su ciudad. Nada hubiera podido impedir que Aquiles, al frente de sus tropas que lo seguían contagiadas de su valor y de su furia, entrara tras los fugitivos. Pero Apolo estaba alerta, y al verlo llegar a través de la llanura se lanzó desde la muralla para impedir que Troya fuera conquistada. Tomó el dios la figura del troyano Antenor, y burlándose de Aquiles —que comenzó a perseguirlo enfurecido—, lo fue alejando poco a poco, apareciendo y desapareciendo una y otra vez ante sus ojos, hasta que el ejército troyano en desbandada hubo entrado hasta el último hombre en la ciudad. Allí pudieron por fin descansar y calmar la sed que los consumía. Nadie que-

dó fuera de las puertas, salvo Héctor, que considerándose culpable de aquel desastre por no haber querido retirarse a tiempo como sus amigos lo aconsejaban, persistía en no abandonar la lucha.

Aquiles, entretanto, seguía su engañosa persecución tras Apolo, hasta que el dios, burlón, se le reveló por fin:

—¿Por qué me persigues, Aquiles? No podrás luchar contra un dios. Pero mientras corrías tras de mí, los troyanos se han puesto a salvo en su ciudad.

Aquiles, entonces, ciego de desesperación al comprender el engaño, volvió hacia Troya con impetuoso ardor. Desde su torre lo vio acercarse el anciano Príamo, quien aterrado, llamó a su hijo Héctor con toda la voz, pidiéndole que entrase. Pero Héctor permaneció impasible, deseando en lo íntimo trabarse al fin en lucha con Aquiles, sin atender al llanto de su padre, Príamo, ni de su madre, Hécuba, que le suplicaban desesperadamente. Apoyó con fuerza su escudo contra una de las murallas y decidido a argumentar ante el griego, lo esperó a pie firme con admirable valor.

V. COMBATE DE AQUILES Y HECTOR

Aquiles llegaba ya, empuñando la poderosa lanza y Héctor, al verlo, se sintió poseído por tan espantoso temor, que echó a correr. Aquiles corrió tras él.

Dieron así tres vueltas a las murallas, en tanto los dioses del Olimpo estaban pendientes de aquella carrera. Aquiles, ligerísimo, se acercaba cada vez más sin perder de vista a su presa. Intentó varias veces el troyano acercarse a las murallas, con la esperanza de alcanzar alguna de las puertas que se abrían en las altas torres, pero Aquiles, con hábil maniobra, lo apartaba siempre de ellas.

Cuando iniciaban ya la cuarta vuelta, Júpiter, harto de aquella lucha insensata, decretó la suerte de Héctor, y al saberlo, Apolo desamparó al troyano. Minerva, entonces, radiante de alegría, corrió a alentar a Aquiles dándole la buena nueva.

—Descansa —concluyó—, que yo me encargo de engañar al valiente Héctor para que te haga frente.

Un inmenso júbilo inundó el pecho de Aquiles, que se detuvo en medio de la llanura. Minerva, en tanto, tomó la forma de Deifobo, hijo de Príamo, y se acercó a Héctor para ofrecerle su ayuda. Héctor apenas podía creerlo; la presencia de su hermano le dio nuevos bríos y agradeciéndole el socorro que en aquel momento de angustia le ofrecía, dio resueltamente el frente al griego.

—Tres veces di la vuelta a la ciudad sin atreverme a esperarte —le dijo—, pero ya estoy dispuesto. Sólo te pido que, así como yo entregaré tu cuerpo a los tuyos, si la suerte te es adversa, hagas lo mismo conmigo.

Aquiles, enfurecido, le arrojó su formidable lanza por toda respuesta. Pero Héctor se inclinó a tiempo y el arma se clavó en el suelo. Sin que el troyano lo advirtiera, Minerva la arrancó de la tierra y volvió a entregarla a Aquiles, que no cesaba en sus amenazadoras arengas. Héctor, decidido y reanimado por la presencia de quien creía su hermano, arrojó a su vez la lanza, que rebotó con tremendo golpe en el escudo de su rival.

Quedó así el troyano desarmado y a merced de su enemigo, y sólo atinó a llamar a grandes voces a Deifobo. Pero entonces advirtió que nadie más que ellos dos estaban en el campo, y el desdichado héroe comprendió que había sido víctima de un engaño terri-

ble. Nada quedaba ya por hacer, más que aceptar su destino, y cubriéndose con el escudo, empuñó la pesada espada que pendía en su cinto y se arrojó contra Aquiles.

El corazón del griego rebosaba de gozo feroz. La aguda pica encontró al fin la manera de herir mortalmente a Héctor, que cayó sobre el campo.

—¡Patroclo, amigo mío, estás vengado! —exclamó Aquiles.

Y negándose a escuchar la última súplica de Héctor, apenas lanzó el príncipe troyano su último aliento, ató el cuerpo a su carro triunfal y lo arrastró tras de sí.

Troya entera gimió de dolor, mientras en las altas torres, desde donde todo lo habían visto impotentes, Príamo y Hécuba lloraban desolados junto a la esposa del valiente, la tierna Andrómaca.

Aquiles volvió triunfante y satisfecho al campamento griego. Pero pasado el primer momento, sintió renacer en él el dolor por la muerte de aquel querido Patroclo al que ni siquiera su venganza podía devolverle. Reunidos en la tienda del rey Agamenón, ninguno de los jefes griegos logró consolarlo, y sólo anhelaba celebrar prontamente los funerales de su amigo inolvidable.

—Al despuntar la aurora, ¡oh, rey Agamenón! —suplicó—, haz que traigan leña para que el fuego consuma el cuerpo del desdichado Patroclo.

20

Se negó a comer, y en los pocos momentos en que por la noche logró conciliar el sueño, le pareció ver a su amigo a su lado y despertó lleno de desesperación, conmoviendo a todos cuantos estaban con él. Al despuntar suavemente la aurora de rosados dedos, dio orden el rey Agamenón de que todos los guerreros fueran en busca de leña. Así lo hicieron, derribando enormes encinas cuyos pedazos llevaron luego en los carros hasta la orilla del mar, donde Aquiles había dispuesto levantar la pira. Durante toda la noche de aquel día ardió el fuego y sólo al aparecer el lucero del alba comenzó a apagarse la hoguera.

Así dieron fin las honras fúnebres rendidas a Patroclo. Aquiles quedó solo, sumido en un dolor que no le daba reposo. La aurora lo sorprendió muchas veces vagando a orillas del mar, tras una noche sin sueño, y su único consuelo era arrastrar el cuerpo de Héctor con su carro, alrededor del túmulo donde yacía Patroclo.

VI. LOS FUNERALES DE HÉCTOR

Los dioses se sintieron al fin conmovidos por aquel espectáculo y Apolo habló ante la asamblea divina. Júpiter lo escuchó. Ordenó a Tetis que hablara con su hijo para convencerlo de que devolviera el cuerpo de Héctor a los troyanos, y envió a Iris a Troya a hablar con Príamo: el viejo rey debía calmar con valiosos presentes la cólera de Aquiles y comprar con ellos el rescate de su hijo. Y así, Tetis, la diosa de los pies de plata, bajó en raudo vuelo del Olimpo y habló tiernamente a su hijo.

Aquiles se inclinó ante la voluntad de Júpiter y concedió entregar los restos del troyano a los suyos.

Entretanto Iris, la de los pies veloces, llevaba su mensaje a Troya, advirtiendo a Príamo que debía ir solo, sin más compañía que la de un viejo heraldo que guiara el carro donde traerían el cuerpo de Héctor.

Príamo hizo preparar un carro tirado por mulas, encima del cual colocaron un arca llena de tesoros. Y desoyendo los ruegos de Hécuba, que temía verlo partir solo, subió al carro y salió a la llanura por el ancho pórtico, mientras el pueblo lo acompañó un trecho en medio de llantos y gemidos.

Guiado por Mercurio, que cuidó de que nadie advirtiera su llegada, arribó el anciano rey a la tienda de Aquiles. Apenas entró, el acongojado rey de Troya se echó a los pies del altivo griego, y abrazándose a sus rodillas, besó las terribles manos de su feroz enemigo.

Muy conmovido, porque la vista de aquella encanecida cabeza humillada le traía el recuerdo de su padre, Aquiles tomólo de las manos y lo hizo levantar, mientras las lágrimas rodaban por sus mejillas. Calmado al fin Príamo, expresó su petición ante Aquiles, que lo escuchó con serena dignidad. El jefe griego mismo ayudó luego a poner el cuerpo de Héctor sobre el carro; tras ello, hizo servir la cena al rey y lo instó a quedarse a dormir esa noche en su tienda. Mientras conversaban, preguntó al anciano qué duración tendrían los funerales de su hijo.

—Once días —respondió Príamo, con voz conmovida.

Y Aquiles prometió que durante esos once días las armas griegas permanecerían inmóviles para no perturbar las ceremonias.

Dormía aquella noche Príamo en la tienda de Aquiles, cuya hospitalidad aceptara, cuando se le apareció Mercurio, que despertándolo le aconsejó partir.

No bastaba haber aplacado la cólera de Aquiles, sino que todavía quedaba el peligro de ser descubierto por Agamenón y los demás reyes griegos, que no vacilarían en hacerlo prisionero. Muy asustado, el anciano llamó a su heraldo, y guiado por Mercurio atravesaron de regreso el campamento sin que nadie advirtiera su presencia.

La aurora de tenues velos se esparcía sobre la tierra cuando llegaron a las murallas de la ciudad.

Todos los troyanos acudieron a las puertas para recibir a su rey. Dentro ya del palacio, pusieron a Héctor sobre un lecho magnífico, entonando cánticos en su honor. Las mujeres lloraban, y Helena era la más desconsolada: aquél había sido su cuñado más querido, el hermano que siempre la había acompañado con su afecto desde que llegara a Troya de la mano de Paris.

—Ahora derramo lágrimas amargas por ti y por mí —se lamentaba— porque todos me detestan en Troya y sólo tú eras mi amigo benévolo.

El anciano Príamo, entretanto, dispuso que salieran partidas de hombres hasta el monte Ida para traer leña suficiente a fin de levantar la pira. Nada debían temer los troyanos al salir de los muros de la ciudad, puesto que Aquiles había prometido respetar la tregua hasta la duodécima aurora. Y largas filas de carros tirados por bueyes y por mulas, acarrearon leña durante nueve días, hasta que al llegar al décimo, sacaron el cuerpo del valiente Héctor de su lujoso lecho, lo pusieron en lo alto de la montaña de leña y prendieron fuego a la pira.

Al despuntar la aurora que siguió a la larga noche de duelo, extinguieron con vino los últimos restos de la hoguera, y colocaron las cenizas del héroe en una urna de oro cubierta con velos de púrpura. Después enterraron la urna y la cubrieron con piedras enormes, sobre las que amontonaron tierra. Levantado el túmulo bajo el cual reposaba el hijo de Príamo, el pueblo se reunió en el palacio donde se celebraba el banquete fúnebre.

Y así dieron término los troyanos a los funerales de Héctor, el valiente domador de caballos.

La Odisea

NARRA la Odisea las aventuras de aquel ingenioso rey de Itaca, llamado Ulises (Odiseo, en griego), que al término de la guerra de Troya erró durante años por mares y tierras extraños, y padeció mil penurias —en medio de las cuales perecieron todos sus compañeros, castigados por los dioses a quienes habían ofendido—, antes de poder volver a su patria.

"Cuéntanos, ¡oh, diosa!, hija de Júpiter", dice el poema, "aunque sólo sea una parte de aventuras tan prodigiosas".

Casi todos los combatientes del sitio de Troya habían regresado de la guerra y gozaban de la paz de sus hogares. Solamente a Ulises se le había negado esa dicha, pese a las ansias de volver a su patria, junto a su amada mujer. Había quedado retenido en la isla donde moraba la ninfa Calipso, que queriendo tenerlo por esposo, no lo dejaba partir. Hasta que llegó por fin el día en que los dioses se compadecieron de él y decidieron permitirle el regreso a Itaca. Salvo Neptuno, que lo persiguió hasta el día mismo en que Ulises logró llegar a su país.

Minerva, la de los ojos brillantes, había pedido por el héroe en la reunión divina:

—Mi corazón se parte al pensar en el valiente Ulises, que desde hace tanto tiempo padece gran desdicha, lejos de los suyos, en una isla solitaria en medio del océano, donde Calipso lo tiene prisionero sin compadecerse de sus ruegos ni de sus lágrimas; por el contrario, persiste en retenerlo a su lado con dulces palabras engañadoras. El héroe está dispuesto a todo por volver a su hogar, y tú, ¡oh, Júpiter olímpico!, no sientes compasión. ¿Por qué tan terrible enojo contra él?

—¿Cómo podría yo olvidar, hija mía, la devoción del valiente Ulises, tan grande como su prudencia? No soy yo, sino Neptuno quien le guarda constante rencor por haber dejado ciego a su hijo, el cíclope Polifemo. Ese es el motivo de su odio y por eso lo obliga a vagar siempre por el mar, lejos de su país. Pero si todos nos proponemos ayudarlo para que regrese, no tendrá Neptuno más remedio que ceder.

—Pues si es así y ésa es la voluntad de los dioses —respondió Minerva— enviemos ahora a Mercurio para que la hermosa Calipso, conociendo tu voluntad, deje partir a Ulises. Mientras tanto, yo iré a Itaca a dar ánimos a su hijo Telémaco para enfrentar a los insolentes que pretenden casarse con su madre en ausencia de Ulises, y lo enviaré luego en busca de su padre.

Y dicho esto, descendiendo del Olimpo con la rapidez del viento gracias al par de alas doradas que ciñó a sus tobillos, voló a Itaca. Antes de entrar al palacio del rey Ulises, donde los pretendientes de la reina Penélope

a atender al huésped que llegaba y le hizo los honores de la casa. Y mientras los demás comensales saciaban hambre y sed, y se divertían entre música y canciones, él habló al oído de Minerva, contándole sus pesares y diciéndole cómo todos aquellos desalmados abusaban de la ausencia de su padre para saquear la casa.

—He venido —replicó la diosa— creyendo que el prudente Ulises estaba ya en Itaca, pero veo que no es así. No creas, sin embargo, que haya muerto; vive, y seguramente está detenido en alguna isla lejana. Pero sé que los dioses han dispuesto que vuelva y él, tan ingenioso, sabrá hallar los medios para hacerlo. ¡Cómo cambiaría todo en este palacio si él se presentara de pronto frente a todos estos desvergonzados! Pero no te desanimes y sigue mi consejo: mañana reúne a todos los príncipes ante el pueblo y ordénales que vuelvan a sus palacios. Luego, terminada la asamblea, te embarcarás en la mejor nave que encuentres y partirás en busca de noticias de tu padre. Primero irás a Pilos, a ver a Néstor; y luego a Esparta, donde reina Menelao, el único guerrero que regresó de Troya. Si te dicen que tu padre vive, aguarda un año, por grande que sea tu dolor; si te dicen que ha muerto, regresa a honrar su querida memoria.

Después que habló así la diosa, partió otra vez volando. Telémaco quedó tan reanimado que se sintió lleno de valor y audacia ante el vivo recuerdo de su padre. Entretanto, seguían los pretendientes en divertido alboroto alrededor de la mesa, pero su algazara fue interrumpida por Telémaco que les ordenó callar y los citó para el día siguiente. Muy asombrados quedaron los príncipes de la firmeza con que les habló el joven, y haciéndolo objeto de diversas burlas, siguieron solazándose hasta que bien entrada la noche se retiró cada cual a su palacio. Después de ello, subió Telémaco a su aposento alumbrado por las antorchas que sostenía Euriclea, la anciana nodriza que tanto lo amaba. Se acostó y envolviéndose en el suave vellón de oveja, soñó con el viaje que debía emprender.

pasaban su tiempo bebiendo, comiendo y jugando a los dados, adoptó la forma de un joven visitante y se acercó a la mesa del festín. Quien primero la vio fue Telémaco, que ocultaba su tristeza en un rincón, impotente para arrojar de su casa a tantos insolentes y soñando con el regreso de su padre. Corrió en seguida

I. EL HIJO DE ULISES

No bien apareció en el cielo la aurora de rosados dedos, se puso en pie Telémaco, calzó las sandalias, y tomando espada y lanza bajó al vestíbulo para ordenar a los heraldos que convocasen al pueblo. En cuanto estuvieron reunidos todos los habitantes, presentóse el joven, hermoso como un dios, empuñando la lanza y seguido de dos esbeltos perros, en medio de la admiración de la multitud. Ha-bló entonces, explicándoles los motivos y razones de aquella reunión, que no eran otros que el de pedirles su apoyo contra los insolentes que pretendían desposar a su madre, dando por muerto al valiente Ulises. El pueblo entero se sintió lleno de piedad por él, y nadie habló; salvo Antinoo, uno de los pretendientes, que osó acusar a Penélope de perfidia.

—Ella sola es la culpable —dijo—, porque no hace más que burlarse de nosotros a tiempo que nos alienta. ¿Sabes cuál es la última artimaña que ha inventado? Pues nos ha dicho que debemos esperar a que termine de tejer una tela que tiene entre manos, y que entonces decidirá con quién ha de casarse. Nos dejamos convencer y permanecimos aquí en esa espera. Hace de esto tres años; pero al fin supimos que lo que teje de día lo deshace de noche, y de esta manera no termina jamás su tejido. De manera que, si quieres terminar con esto, ordena a tu madre que elija un marido entre nosotros de una buena vez.

Protestó altivamente Telémaco ante aquella nueva insolencia, y concluyó:

—Si la conducta de mi madre no es de vuestro agrado, id a beber y a comer en otra parte y no sigáis aquí saqueando nuestro palacio. Si no lo hacéis así, invocaré a los dioses hasta que me oigan y seréis castigados como merecéis.

Cuando de esta manera habló Telémaco, Júpiter envió dos águilas que volaron sobre su cabeza, con lo que todos comprendieron que los dioses estaban de su parte. Un anciano del pueblo tomó la palabra y conminó a los príncipes a que se retiraran, porque si no toda Itaca sufriría el castigo de la cólera divina. Pero los pretendientes se burlaron de él. Telémaco dio por terminada su misión de advertirles a ellos y al pueblo todo cuanto sucedería, y anunció su próximo viaje a Pilos, en procura de noticias de su padre. Después se alejó hacia la playa y lavándose las manos en la espuma, oró fervorosamente implorando la ayuda de Minerva. No tardó la diosa en presentarse, bajo la forma de un doncel, y le ordenó volver al palacio y preparar las cosas para partir de viaje al amanecer.

—Dispón las provisiones para el barco, que yo me encargaré de reunir la tripulación.

Cuando el príncipe llegó nuevamente al palacio, volvieron a burlarse de él los pretendientes, pero Telémaco ni siquiera los escuchó. Bajó a la cámara de su padre y comenzó a hacer acopio de las provisiones, que habían permanecido hasta entonces encerradas bajo triple llave. En esa tarea lo ayudó Euriclea, la anciana nodriza, prometiendo guardar el secreto de la partida del joven, que nadie imaginaba tan próxima. Ella quedó haciéndose cargo de todos los preparativos, anegados en llanto los ojos, mientras Telémaco subía otra vez a la sala del banquete, donde se reunió con los pretendientes.

Aquella noche cuando las tinieblas cubrieron los caminos, Minerva lanzó al mar la embarcación que habría de llevar a Telémaco, y que le había cedido de buen grado un joven marinero; la equipó con todo cuanto era necesario para un largo viaje, volvió luego al palacio y sumió a los príncipes en el sueño de la embriaguez, tras de lo cual guió a Telémaco hacia la playa. Un viento propicio impulsó la nave, se hincharon las velas y pronto las olas mecieron el barco que navegó sin tropiezo durante toda la noche.

Era el amanecer cuando, ya el sol asomando por encima de las aguas, llegó Telémaco, guiado por Minerva, a Pilos, donde halló al anciano Néstor que lo recibió hospitalariamente en su palacio. Conversó largo rato con el joven, aunque sin saber quién era, y le habló de la guerra de Troya y de cuantos sucesos en ella tuvieron lugar hasta su regreso. Se presentó entonces Telémaco, pidiéndole noticias de su padre, el único de los valientes guerreros griegos que no había vuelto a su patria, añadiendo que imploraba la protección de los dioses para poder vengarse de la insolencia de los pretendientes que aspiraban a casarse con su madre. Aconsejóle entonces el anciano que se encaminase a ver a Menelao.

—Puedes partir en tu barco —le dijo—, pero si prefieres hacer el camino por tierra, te daré un carro y dos caballos con los que podrás llegar al reino de Menelao. Ruega entonces allí al noble rey que te informe sobre tu padre. Uno de mis hijos te acompañará.

Así fue como partió Telémaco en el magnífico carro que Néstor puso a su disposición, junto al príncipe Pisístrato que empuñó las riendas. Corrieron velozmente todo el día, alejándose de Pilos; descansaron esa noche, y al despuntar la siguiente aurora reanudaron el camino. Tanta era la rapidez con que corrían los corceles, que al ponerse otra vez el sol, concluyeron su viaje.

II. EN EL REINO DE MENELAO

LLEGADOS al palacio de Menelao en la montañosa Lacedomonia, hallaron que se celebraban allí dos bodas, ya que el hijo y la hija del rey se casaban ese mismo día. Con tal motivo, el feliz Menelao estaba rodeado de alegres invitados y la música resonaba en todas partes. En tan dichoso momento llegaron los dos príncipes y detuvieron su carro junto al pórtico. Pronto llegó a oídos del rey Menelao la noticia de la visita de los dos extranjeros, y ordenó que se les hiciera pasar.

Desuncieron los esclavos los caballos del carro para llevarlos a las magníficas cuadras y guardaron aquél en las limpias cocheras, en tanto los dos príncipes, maravillados ante lo que veían en aquel palacio en que el oro brillaba en todas partes, fueron conducidos adentro para lavarse y cambiarse de ropa. Después de esto, pasaron a la sala del festín.

—Sed bien venidos —saludó Menelao, dándoles la mano—. Servíos de comer y luego me diréis quiénes sois, aunque vuestro aspecto indica a las claras que pertenecéis a buena cuna.

Se sentaron ambos jóvenes a la mesa, y no había pasado mucho rato cuando se presentó Helena, esposa de Menelao, espléndida y radiante de hermosura como una diosa. Se interesó por los huéspedes, pero interrumpióse de pronto para señalar a su esposo el parecido increíble de aquel joven extranjero con el prudente Ulises, rey de Itaca. Intervino entonces el hijo de Néstor, y revelando el verdadero origen de Telémaco, explicó el motivo que allí les había llevado. Entonces abrió Telémaco su corazón y contó cuánto sufrían en Itaca con la invasión de los pretendientes que saqueaban el palacio, dando por seguro que Ulises estaba muerto.

Grande fue la dicha de Menelao al poder decirle que tal cosa no era cierta, y que Ulises moraba en la isla de la ninfa Calipso.

Mientras esto sucedía en el palacio de Menelao, los pretendientes continuaban en Ita-

ca con sus juegos y festines a expensas del patrimonio de Ulises. Pero sucedió que el marinero que cediera su velero a Minerva se presentó ante ellos, lamentándose de que Telémaco, que había utilizado su nave para viajar a Pilos, no regresara ya, puesto que la necesitaba. Grande fue la sorpresa que esta noticia produjo. Especialmente sorprendido quedó Antinoo, que no suponía al joven capaz de semejante proeza.

—Pero puesto que este jovenzuelo se empeña en oponérsenos, no le dejaremos llevar a cabo sus propósitos. Le tenderemos una emboscada para cuando vuelva del funesto viaje que ha hecho en busca de noticias de su padre.

Esto fue lo que dijo y todos los otros lo apoyaron. Pero un criado los oyó, y no tardó en informar a Penélope de lo que aquéllos tramaban. La reina se sintió desfallecer y quedó un rato sin poder decir palabra, mientras sus ojos se anegaban en lágrimas. Pronto la rodearon sus esclavas, acompañándola en su dolor. Euriclea, la nodriza que tanto la quería, era la que más desesperadamente lloraba.

—Yo misma ayudé a Telémaco, hija mía querida, pero él me pidió que nada te dijera hasta que oyeras decir que él había partido. No quería que tú sufrieras, y yo cumplí cuanto le prometí. Eleva tus oraciones a Minerva, hija querida, para que ella te proteja.

Penélope se sintió aliviada con estas palabras. Dejó de llorar y elevó su plegaria a la diosa, que la escuchó complacida; y enviándole una mensajera que se acercó a su lecho, le hizo decir: "Penélope, no llores; tu hijo volverá"

Entretanto, los pretendientes se habían provisto de una embarcación y navegaban mar afuera, buscando un lugar propicio para atentar contra Telémaco a su regreso. Y en una isla pedregosa, no lejos de Itaca, hallaron buen puerto para fondear y esperar su vuelta.

III. EL MENSAJE DE MERCURIO

Se levantaba la aurora para derramar su luz sobre la tierra, cuando los dioses se reunieron en el Olimpo, presididos por Júpiter. Habló Minerva entonces, para recordarles cuánto tiempo llevaba Ulises sufriendo lejos de su reino, en la isla de la ninfa Calipso; y como si esto no fuera suficiente, añadió, su hijo corría el riesgo de caer en la emboscada que le tendían los pretendientes de su madre. Replicó airado Júpiter, diciendo que ya él había dispuesto que Ulises volviera a su patria, en tanto que dejaba a Minerva en libertad de proteger a Telémaco. Y sin más, envió a Mercurio para que ordenara a Calipso dejar partir a Ulises:

—Los dioses han dispuesto que vuelva a su patria, a sus amigos y a su palacio.

Ató Mercurio a sus pies las alas de oro, y voló sobre el mar con la rapidez del viento, bajando a la isla como una suave gaviota que el mar mojara con su espuma. Una vez allí, caminó hasta la gruta donde vivía la hermosa ninfa y la encontró, junto a oloroso fuego, tejiendo y cantando. El lugar era hermoso y placentero, cubierto de viñedos, regado por manantiales cristalinos y con praderas esmaltadas de violetas. Todo respiraba allí alegría y amor, y el dios sintióse complacido. Penetró en la gruta y en seguida reconociólo Calipso, que se hallaba sola pues Ulises solía alejarse hacia la orilla del mar para desahogar, contemplando la líquida llanura, la pena de su destierro. Convidó la ninfa a Mercurio con néctar, y esperó a que le dijera el motivo de su visita.

—Es el mismo Júpiter quien lo ha ordenado —comenzó Mercurio—, y no pude sino obedecerle. Dice que está contigo un desdichado guerrero, el único que no regresó a su patria al término de la guerra de Troya, y te ordena que lo dejes partir cuanto antes.

Terminado su discurso, el dios volvió a emprender el vuelo por sobre las aguas del mar. La ninfa Calipso se dispuso a obedecer a Júpiter y se acercó a la playa donde Ulises, frente a la inmensa extensión de agua salada, dejaba correr sus lágrimas.

—No sufras más, desdichado príncipe —dijo ella entonces—. Pronto partirás de regreso a tu casa. Tala algunos árboles y construye una balsa, que yo pondré en ella las provisiones necesarias. ¡Animo! Con viento favorable y la protección de los dioses, llegarás sano y salvo a tu patria.

Temió Ulises que no fuera aquella invitación más que una artimaña de la ninfa, pero convencido al fin, tomó un hacha y púsose a cortar árboles con cuyos troncos construyó una balsa. No tardó en terminar su trabajo, y ya dispuestas las provisiones, Ca-

lipso lo dejó partir después de darle perfumadas vestiduras.

Pero sucedió que Neptuno, que regresaba entonces de Etiopía, se enfureció al ver que en su ausencia los dioses habían permitido el regreso de Ulises, y dispuso volver a alejarlo de su patria y que padeciera nuevos males. Soplaron, a sus órdenes, vientos terribles, y Ulises se sintió desfallecer. Una ola inmensa cayó sobre la balsa, con riesgo de hacerla zozobrar, y arrojando de ella al héroe lo hundió en las profundidades del mar. Consiguió al fin salir a flote, y aunque con gran cansancio, logró volver a su balsa, escapando a la muerte.

Una de las diosas del Olimpo, compadecida de Ulises, se acercó a él transformada en cuervo marino y le entregó un velo con el cual podría salir victorioso de aquella terrible lucha. Debía guardarlo arrollado a su pecho, y arrojarlo otra vez al mar en cuanto tocase tierra.

Ulises se había decidido a abandonar la balsa para salvarse nadando; pero Neptuno, poseído de terrible furia, lanzó sobre él una inmensa ola, alta como una montaña y le envió todos los vientos. Ulises nadaba, envuelto en el velo que le diera la diosa, transformada en pez-pájaro, y protegido ahora también por Minerva, luchó tenazmente durante dos días y dos noches, hasta que por fin, a la luz rosada de la aurora, vio cercana la tierra.

Nadó entonces con renovado brío y aunque la costa se veía erizada de duros peñascos, no pereció estrellado contra ella, sino que logró asirse a una de las rocas al ser arrastrado hacia la misma por una enorme ola. Desde allí, logró nadar un trecho más hasta llegar a la apacible desembocadura de un río que remontó, y algo más adelante halló por fin una orilla seca y calma. Agotado, con los labios hinchados, dolorido y respirando afanosamente, lo primero que hizo fue despojarse del velo de la diosa y arrojarlo al mar para que volviera a sus manos, como lo había prometido. Después besó la tierra, entre los juncos y alejándose prudentemente de la orilla, se internó entre los árboles próximos para descansar. Bajo las matas se preparó una blanda cama de hierbas y hojas, y allí se tendió. Apenas lo hizo, dejó caer Minerva sobre él el dulce reposo del sueño y pudo al fin descansar de sus recientes fatigas.

IV. EL REY DE LOS FEACIOS

DEJEMOS a Ulises descansar de sus fatigas y volvamos al Olimpo. La incansable Minerva, viendo al héroe libre ya de los peligros del mar, voló a la ciudad de los feacios, a cuyas playas había arribado el náufrago.

Allí reinaba Alcinoo, el buen rey a quien los propios dioses inspiraban, y a su palacio se dirigió Minerva con el pensamiento puesto en Ulises, a quien protegía. Entró en la cámara donde dormía Nausica, la hermosa princesa, junto a dos de sus esclavas, y con la suavidad de la brisa se acercó a ella y le habló al oído, fingiendo ser una de sus amigas más íntimas.

—Nausica, no seas tan perezosa. Tienes tus vestidos muy descuidados y si llegara el día de tu boda no los tendrías dispuestos. Cuando despunte la aurora, ven conmigo a la playa y yo te ayudaré a lavarlos. Ruega a tu padre que te dé un carro con mulas para llevarlos.

Y tras decir esto regresó al Olimpo. Cuando la aurora tiñó de rosa el horizonte y Nausica despertó, recordó asombrada el sueño que había tenido, según creía, y corrió a contárselo a sus padres. La reina, rodeada de esclavas, hilaba junto al fuego, en tanto el rey se disponía a reunirse en el consejo con los nobles feacios. Accedió al ruego de su hija cuando la hubo escuchado, y dio orden a los esclavos de que prepararan el carro que le pedía para llevar la ropa a la playa. La doncella de cámara puso allí los vestidos y la reina acomodó en una cesta toda clase de manjares, así como también un frasco de perfumada esencia para que las jóvenes se ungieran al término de sus juegos. Nausica empuñó las riendas, arrancaron las mulas y el alegre grupo partió hacia la costa. Cuando llegaron a los lavaderos, donde el agua del río corría siempre cristalina, dejaron en libertad a los animales y se dispusieron a lavar la ropa, que luego tendieron al sol sobre las limpias piedras. Más tarde comieron y luego se pusieron a jugar a la pelota. Nausica, la de los blancos brazos, cantó con dulce voz para expresar su alegría.

Secas ya las vestiduras las doblaron cuidadosamente, y se disponían a regresar al palacio, cuando Minerva dispuso que Ulises despertara. Fue entonces cuando, en el último momento del juego, la pelota que Nausica arrojó cayó al río y fue arrastrada en los remolinos. Las jóvenes gritaron al perder su juguete y Ulises se incorporó, alertado por el bullicio. Salió de entre las matas y su aparición provocó gran susto a las muchachas. El aspecto de Ulises era terrible, con su piel curtida y llagada por el rudo contacto del mar y del aire, los cabellos y la barba revueltos y ásperos de sal. Al verlo, huyeron las esclavas a esconderse. Sólo Nausica permaneció quieta y serena en medio de la playa, y Ulises se atrevió a implorarle:

—¡Oh, reina, mujer o diosa, te suplico que

me escuches! Gran alegría siento al verte, porque nunca vi nada semejante a ti, salvo acaso, una joven palmera que contemplé un día junto al altar de Apolo. Pesan sobre mí todas las desdichas; sólo ayer pude salir del tormentoso mar que me arrojó a estas playas, y no sé si me esperan nuevas penurias. Apiádate de mí, dame alguna ropa y dime cómo puedo llegar a la ciudad.

para lavarse. Cuando volvió, el héroe apareció convertido en otro hombre, con los cabellos limpios y ensortijados, perfumada la piel en la que no quedaban rastros de sal marina, resplandeciente y gallardo con los dones que Minerva le dispensara. Después, las jóvenes le ofrecieron de comer.

Emprendieron el regreso y Nausica, apelando a su prudencia, le rogó que siguiera

Nausica respondió dulcemente al extranjero que con tanta cortesía le hablara y prometió que no habría de faltarle su ayuda. Tras ello, le explicó que estaba en el país de los feacios, gobernado por el rey Alcinoo de quien ella era hija. Llamó después a sus esclavas, que poco a poco fueron perdiendo el miedo y les ordenó que le dieran ropa. Ellas le entregaron una túnica y el frasco de esencia y Ulises se retiró junto al río

al carro caminando mientras cruzaban los campos y que al llegar junto a las murallas de la ciudad quedase allí esperando.

—Después, ve al palacio de mi padre y entra. Pedirás protección a mi madre y si ella te la concede, ten la seguridad de que volverás a tu patria.

Así lo hicieron; la princesa, con sus esclavas, llegó primero, y poco después Ulises, guiado por Minerva, se halló ante las altas puertas de bronce. La morada de Alcinoo resplandecía. A cada lado de las puertas había figuras de perros talladas en oro y plata. Atravesando el umbral, se veían los muros cubiertos de valiosos tapices y colgaduras y desde las paredes, alumbraban la sala radiantes antorchas sostenidas por niños de oro. El palacio estaba rodeado de un gran jardín donde crecían árboles frutales de todas clases, olivos, perales, granados, manzanos e higueras.

Ulises admiró tanta hermosura y luego entró; avanzó hacia donde estaba la reina y se arrojó a sus pies, elevando a ella su ruego para que lo protegiera en su anhelo de volver a la patria. Alcinoo, que estaba a su lado, le ayudó a levantarse y lo atendió solícitamente. Al ser interrogado por la reina acerca de la túnica que llevaba, que reconoció como de su hija, habló largamente Ulises y contó sus últimas penurias, desde el momento en que la ninfa Calipso, al cabo de ocho años, le permitió partir de su isla, hasta que, exhausto y agotado, encontró refugio en la playa feacia donde Nausica y sus esclavas lo encontraron. Conmovido Alcinoo ante aquel relato, prometió darle una nave y gente para que pudiera llegar a su país. Entretanto, la reina ordenó a las esclavas que prepararan un lecho con mantas de púrpura, y Ulises gozó aquella noche de la hospitalidad de Alcinoo. Hacía mucho tiempo que no dormía tan placenteramente.

Muy temprano se levantaron al día siguiente el rey y su huésped, y se dirigieron al puerto donde el rey había citado a asamblea, para decidir el regreso de Ulises. Cuando la plaza estuvo llena, Alcinoo arengó a príncipes y pueblo pidiéndoles ayuda para el extranjero. Le entregarían una nave y elegirían los mejores remeros para que lo acompañaran. Todos asintieron y el rey dispuso que una vez cumplidos todos estos preparativos, se reunieran con él en el palacio, donde se ofrecería un espléndido banquete.

—Que no falte nadie, y haced venir también a Demódoco, el divino aedo.

Así lo hicieron y ya dispuesta la nave y la

tripulación, fueron todos al palacio del magnánimo Alcinoo; y también el aedo, a quien las Musas habían colmado de dones. Al final del banquete, se sintió inspirado Demódoco y eligió por tema algunos pasajes de la guerra de Troya. Ulises, al oírlo, sintió apretársele el corazón; echó por encima de su cabeza el manto de púrpura que llevaba y se cubrió el rostro para que nadie lo viera llorar. Pero Alcinoo lo advirtió, y compadecido, pidió a Demódoco que cesara en su canto.

—Al mismo tiempo, querido huésped, te pido que nos digas quién eres, cuál es tu patria y de dónde vienes.

No pudo resistir Ulises al ruego del buen rey, y agradeciéndole las muestras de afecto que le había dado ofreciendo aquel festín, compartido con gente tan agradable como la que lo rodeaba, lamentó haber sido la causa de la interrupción del hermoso canto.

V. ULISES FRENTE A POLIFEMO

DESPUÉS, confesando no saber por dónde empezar a contar sus tristes aventuras, Ulises habló así:

—En primer lugar os diré que me llamo Ulises y que mi patria es Itaca. Terminada la guerra de Troya donde combatí junto a los griegos, vientos tempestuosos me llevaron al mar de los cicones. Mis imprudentes compañeros, entregados al saqueo, se trabaron en combate con los cicones. Nos derrotaron, y a duras penas pudimos huir de aquellas playas en las que perdí muchos hombres. Emprendimos otra vez nuestro viaje de regreso a la patria, pero vientos contrarios nos impulsaron al país de los lotófagos. Envié a dos de mis hombres a inspeccionar la tierra, y al encontrarse con los habitantes de aquel suelo, fueron muy bien atendidos. Muy amablemente, los invitaron a comer frutos del loto y sucedió que al hacerlo ya no quisieron regresar sino quedarse allí para siempre. Tuve que llevarlos a la fuerza a las naves y ordené partir de inmediato, por temor a que todos los demás cayeran bajo el mismo encanto.

Desde allí, muy tristes, continuamos navegando y fuimos a parar al país de los cíclopes, raza de hombres gigantes que tienen un solo ojo en medio de la frente. Antes de llegar a él, existe una pequeña isla llena de bosques y caza, donde anclamos. Sin duda un dios bondadoso nos guió en la noche oscura, porque arribamos sin ningún tropiezo. A la mañana siguiente nos dedicamos a cazar y así obtuvimos alimento en abundancia. Desde allí alcanzábamos a ver la tierra de los cíclopes y oíamos balar las cabras. Un día sentí tentación de visitarlos. Tomé una de las naves y con un grupo de mis hombres llegué a la costa cercana.

Casi tocando el mar, se levantaba una enorme gruta alrededor de la cual pastaban cabras y ovejas. Allí vivía un hombre, lejos de los otros cíclopes, que apacentaba solitario sus rebaños. Era un monstruo horrible que parecía una montaña por su talla gigantesca.

Elegí doce de mis hombres y pidiendo a los otros que quedaran al cuidado del barco, me dispuse a explorar la tierra. Llevamos con nosotros algunas provisiones y un odre lleno de exquisito vino. Cuando llegamos a la gruta, la encontramos solitaria. Entramos con alguna cautela, y nos maravilló lo que vimos en la gigantesca caverna. Había allí rebaños de corderos y cabritos, separados en espaciosos establos, vasijas llenas de leche cuajada, quesos de todos los tamaños. Mis compañeros me pidieron que cargásemos con cuantas provisiones fuera posible —querían llevarse también algunos animales—, y que volviéramos a la nave para hacernos a la mar. No les escuché, ¡ojalá lo hubiera hecho!, porque quería esperar la vuelta del cíclope. Obede-

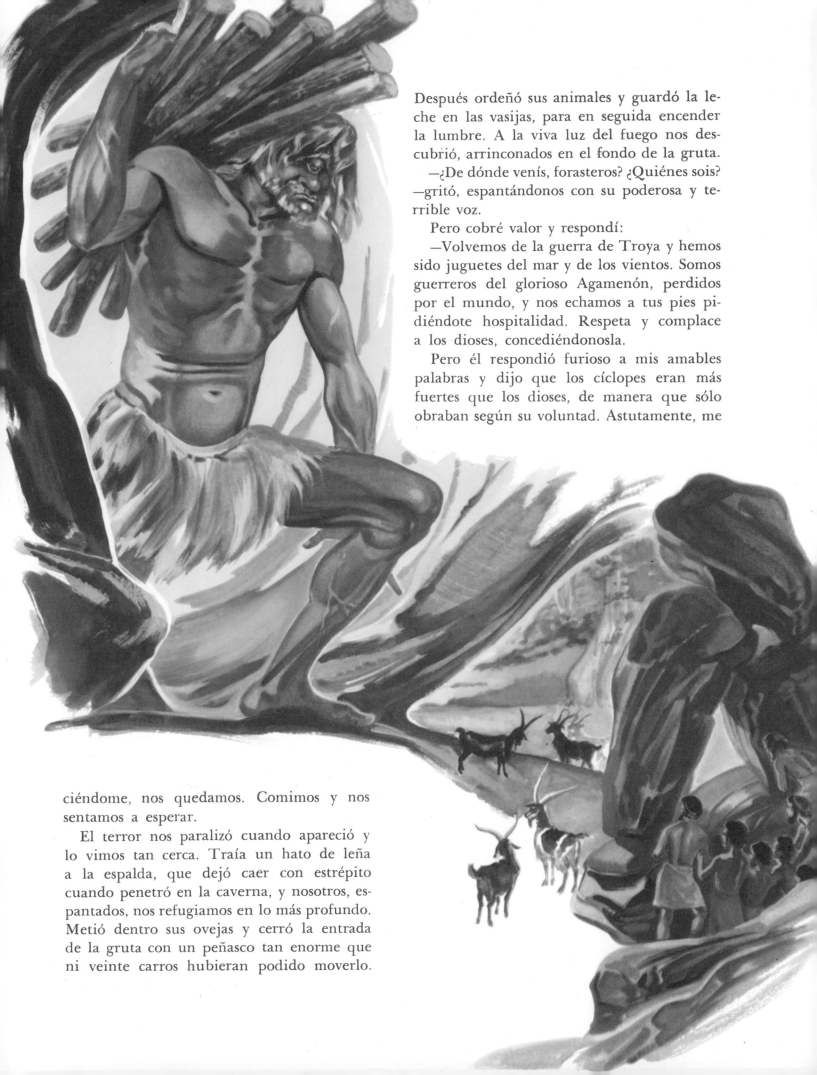

Después ordeñó sus animales y guardó la leche en las vasijas, para en seguida encender la lumbre. A la viva luz del fuego nos descubrió, arrinconados en el fondo de la gruta.

—¿De dónde venís, forasteros? ¿Quiénes sois? —gritó, espantándonos con su poderosa y terrible voz.

Pero cobré valor y respondí:

—Volvemos de la guerra de Troya y hemos sido juguetes del mar y de los vientos. Somos guerreros del glorioso Agamenón, perdidos por el mundo, y nos echamos a tus pies pidiéndote hospitalidad. Respeta y complace a los dioses, concediéndonosla.

Pero él respondió furioso a mis amables palabras y dijo que los cíclopes eran más fuertes que los dioses, de manera que sólo obraban según su voluntad. Astutamente, me

ciéndome, nos quedamos. Comimos y nos sentamos a esperar.

El terror nos paralizó cuando apareció y lo vimos tan cerca. Traía un hato de leña a la espalda, que dejó caer con estrépito cuando penetró en la caverna, y nosotros, espantados, nos refugiamos en lo más profundo. Metió dentro sus ovejas y cerró la entrada de la gruta con un peñasco tan enorme que ni veinte carros hubieran podido moverlo.

preguntó luego dónde había quedado mi nave. Pero vi el lazo y no me dejé engañar, contestándole que Neptuno había deshecho mi embarcación y que las olas habían dispersado sus restos. Esto pareció aumentar su furia, y arrojándose sobre nosotros se apoderó de dos de mis compañeros y los devoró. Bebió luego enormes cantidades de leche y, así ahíto, se echó a dormir tendiéndose en medio de las ovejas. Entre suspiros y lágrimas pasamos la noche, sin atrevernos a intentar nada contra él por miedo a empeorar las cosas.

A la mañana siguiente se levantó, y antes de salir a apacentar sus cabras devoró a otros dos de mis compañeros. Luego apartó el pesado peñasco como si fuera una pluma, sacó a los animales, y volvió a cerrar la entrada. Imploré la ayuda de Minerva y comencé a pensar en la manera de salir de allí. No tardé en hallar la solución. Había en el suelo de la gruta una larga y gruesa vara de madera que bien hubiera servido de mástil a un navío. Afilé uno de sus extremos y luego la ocultamos cuidadosamente. Mi idea era la de clavar en el único ojo del cíclope, mientras estuviera durmiendo, la punta de la vara.

Su regreso fue igual al del día anterior. Una vez dentro de la gruta cerró la entrada y utilizó para su cena a otros dos de mis compañeros. Cobrando valor, me acerqué a él y le ofrecí mi vino.

—Es algo de lo poco que salvé del naufragio de mi barco, y te ofrezco esta libación como la ofrecería a un dios, para que te apiades de nosotros y nos dejes volver a la patria.

Tomó el vino y lo bebió sin responder, pero pareció gustarle y me pidió más, a tiempo que preguntó cómo me llamaba. Tres veces bebió el licor y comenzó a sentir los vapores de la embriaguez. Yo aproveché entonces para seguir ofreciéndole bebida y presentarme de manera engañosa.

—¿Quieres saber mi nombre, cíclope? Me llamo "Nadie" y espero poder ganarme tu hospitalidad.

—Sí —bramó—. A "Nadie" me lo comeré el último. Esa es la hospitalidad que le daré.

Y al decirlo, cayó pesadamente hacia atrás, vencido por los vapores del vino. No tardamos en llevar a cabo nuestros planes. Pusimos en la llama la punta de la vara, y cuando estuvo al rojo, pidiendo a los dioses que nos infundieran valor, la tomamos entre cuatro de mis hombres y yo, y la clavamos en el ojo del cíclope. El monstruo se despertó dando alaridos, y enceguecido, bramaba llamando a los otros cíclopes en su ayuda. No tardaron éstos en presentarse, y a través de la piedra que cerraba la entrada, preguntaron:

—¿Qué sucede, Polifemo? ¿Por qué gritas de ese modo? ¿Te atacan, te matan?

—¡Ay, amigos! —respondió el cíclope entre gemidos—. "Nadie" me ataca. "Nadie" me mata.

—Pues si nadie te ataca ni nadie te mata, ¿qué hacemos aquí nosotros? Pide a tu padre, Neptuno, que te socorra en tus pesares, y déjanos en paz.

Y así diciendo, se fueron todos. El furioso Polifemo trató de encontrarnos sin conseguirlo, y astutamente, quitó la piedra de la entrada y se sentó junto a ella. Pero advertí que salir en esas condiciones era muy peligroso, y mientras permanecíamos arrinconados, empecé a pensar en el modo de escapar. Al fin lo encontré: había en el rebaño unos grandes carneros de lana muy espesa a los que até de a tres y sujeté a cada uno de mis compañeros al del medio, de tal manera que cualquiera de los animales que quedaba al costado sería el que debía pasar junto al gigante. Yo me quedé con un solo carnero, el más grande y lanudo de todos, y con ambas manos me así a su velludo vientre.

Al aparecer la aurora, los carneros empezaron a impacientarse por salir al campo, y así lo hicieron, pasando delante de su amo que palpaba sus lomos, sin sospechar que mis hombres iban atados a sus vientres. El último en salir fue el mío, y él lloró al palparlo, porque aquel poderoso animal era siempre el primero en salir, al frente de los demás, y ahora, debido a la desgracia que sobre su amo había caído, quedaba rezagado.

Dejó luego pasar al carnero y pronto estuvimos todos libres. Elegimos los mejores animales y emprendimos el camino de regreso al barco, donde nuestros compañeros nos recibieron con grandes muestras de alegría. Pero ya embarcados, yo me sentí tentado de hacer una temeridad, y elevando mi voz tanto como pude, grité:

—¡Polifemo! Abusaste de tus fuerzas y devoraste a mis inocentes compañeros que nada te habían hecho. ¡Así has sido castigado por Júpiter y los demás dioses!

Esto provocó terrible furor en el cíclope y arrancando de la montaña más próxima una inmensa roca, la arrojó al mar, tan cerca de nuestra nave, que por poco naufragamos. Y poco después, oímos su voz de trueno rogando a Neptuno, su padre, para que no nos permitiera nunca más volver a mi palacio. Pese a que de nuevo nos arrojó otro peñasco, logramos eludir el peligro y alcanzamos la isla donde el resto de mis hombres esperaba en las naves.

Y al amanecer, abandonamos aquellas tierras donde lamentablemente, habían perdido la vida varios compañeros.

VI. EL PALACIO DE CIRCE

NAVEGANDO sin mayores tropiezos, llegamos a Eolia, y el buen Eolo, amado de los dioses, me trató con toda amistad. Allí estuve cerca de un mes, respondiendo a sus interminables preguntas sobre la guerra de Troya y sus sucesos. Después, cuando me dispuse a partir, me proporcionó provisiones para el viaje, y en un odre de cuero, me regaló encerrados todos los vientos, que yo podría manejar a voluntad. Sólo dejó libre al suave Céfiro para que impulsase nuestras naves. Al cabo de diez días, estuvimos a la vista de nuestra patria.

Yo abandoné entonces el timón para dormir, y mis compañeros quedaron a cargo del barco. Suponiendo que el regalo que Eolo me entregara en el odre de cuero, fueran riquezas de oro y plata, lo abrieron y de él escaparon, con violenta fuerza, todos los vientos. En desordenada furia, nos alejaron rápidamente de las costas amadas. Volvimos a caer en la tierra de Eolo, pero mis súplicas no hallaron eco en su corazón; ofendido por la mala acción cometida, nos arrojó de allí sin miramientos.

Así seguimos otra vez nuestra ruta en el mar, y en el país de los Lestrigones perdí once de mis naves y sólo pude conservar una con la que llegué a la isla de Aea. Para explorarla, dividí a mis hombres en dos grupos, y sorteamos para ver cuál de los dos, si el que mandaba yo o el que quedó a cargo de Euriloco, desembarcaba en el país. Le correspondió a él, que esa misma noche volvió corriendo al barco a contarnos la desdichada suerte que habían sufrido sus compañeros: tras caminar un rato habían descubierto en un valle el palacio de Circe, rodeado de lobos y leones domesticados, que corrieron a saludarlos. Al llegar a la mansión, oyeron cantar a Circe con prodigiosa voz, como sólo saben hacerlo las diosas. Ella misma los invitó a entrar, e imprudentemente aceptaron, salvo Euriloco que permaneció afuera, por temor a un en-

gaño. La diosa los atendió muy gentilmente y les dio de beber un exquisito vino, en el cual había mezclado una droga. Apenas bebieron unos sorbos, los tocó en la cabeza con una varita y los hombres quedaron transformados en cerdos, pero conservando sus sentimientos de hombres, por lo que lloraban sin consuelo en sus pocilgas.

Eso contó Euriloco al llegar nuevamente al barco. Entonces, pese a que él me instaba a huir prontamente de aquella isla, tomé la decisión de correr a salvar a mis compañeros. Atravesé el bosque, y aun cuando el mismo Mercurio, bajo la forma de un gentil mancebo quiso advertirme para que me alejara de los peligros que allí me aguardaban, insistí en seguir; al menos, obtuve de él buenos consejos.

—Te empeñas en librar a tus compañeros, y es posible que ya no puedas regresar nunca más junto a los tuyos. Pero quiero protegerte. Toma esta planta medicinal, con la que podrás llegar al palacio sin ningún peligro. Cuando Circe te ofrezca su vino mezclado con drogas, no surtirá efecto contigo gracias a este remedio. Entonces, cuando ella te toque con la vara, acométela con tu espada como si fueras a matarla. Asustada, te pedirá benevolencia y te rogará que te quedes a vivir en su palacio, pero tú sólo aceptarás si deja en libertad a tus compañeros. Y exígele juramento ante los dioses de no tramar contra ti daño alguno mientras permanezcas allí.

Tomé la planta que me daba, llamada "moly", de negra raíz y flor blanquísima, y con ella llegué al palacio de la diosa. Todo sucedió como Mercurio me previno, y yo seguí sus consejos. Logré así que Circe dejara en libertad a mis compañeros, a los que volvió a transformar en hombres. Llenos de alegría se abrazaron a mis rodillas.

—Ingenioso Ulises —dijo entonces Circe con su dulce voz—, ve a la playa, saca tu nave a

tierra firme y trae a tus demás compañeros para que pueda ofrecerles mi sincera hospitalidad.

Obedecí; corrí a la playa y hallé a mis compañeros que lloraban mi ausencia, pero que pronto me rodearon como corderitos que saltan junto a su madre. Les narré cuanto había sucedido y ellos me escucharon con gran contento, disponiéndose luego a sacar la nave a tierra firme y acompañarme al palacio de Circe. Sólo Euríloco protestó y quiso disuadirlos, tratándolos de imprudentes y recordándoles lo que habíamos sufrido ya en la isla del cíclope, pero al fin, también él nos siguió.

En el palacio de Circe hallamos a los demás compañeros ricamente ataviados y solazándose con un exquisito banquete. Se abrazaron todos y la graciosa Circe hizo los honores de la mesa. Un año entero vivimos allí, gozando de su generosa hospitalidad, y al cabo de él, mis compañeros me rogaron que pensara en el regreso a la patria.

Supliqué a Circe que nos dejara partir, y la divina diosa accedió, aunque diciéndome que antes debía visitar el reino de Plutón, enclavado en medio de las sombras. Esto me desesperó, pero ella prometió darme su ayuda con valiosas instrucciones para salir victorioso de la prueba. Al asomar la aurora vestida de rosa en su trono de oro, partimos hacia la playa en busca de nuestra nave.

VII. EL HECHIZO DE LAS SIRENAS

La botamos nuevamente y desplegando las velas nos alejamos de aquellas playas. Circe colaboró con vientos favorables que ayudaban el esfuerzo de los vigorosos remeros y al diestro piloto, y así navegamos velozmente durante todo el día. Al caer las sombras de la noche llegamos al oscuro extremo del océano. Tal como me lo había dicho Circe, debía ver a Tiresias, el tebano, para que me predijera el porvenir. Seguí las instrucciones de la diosa y nos adentramos en el reino de Plutón donde vimos muchas almas vagando entre las sombrías nieblas, hasta que al fin se nos acercó Tiresias, llevando en la mano un cetro dorado.

—¡Ah, Ulises, el del jovial linaje y fértil ingenio! —me saludó—. ¿Por qué has dejado la luz del sol para venir a esta tenebrosa región a visitarnos? Aunque ya lo sé. ¿Quieres que te lo revele? Escucha: tú buscas el camino de tu patria, pero no sabes que hay un dios empeñado en que no lo encuentres, porque te guarda profundo rencor. Y aun así, llegarías muy pronto a Itaca; pero si al desembarcar en la isla donde pacen las vacas y las ovejas del Sol, tú y tus compañeros, en lugar de seguir de largo, prosiguiendo el camino de regreso, cometen contra ellas algún daño, desde ya te anuncio muchos males. Quizá tú te libres, pero llegarás a tu patria sin tus compañeros, en una nave prestada, y nada más que para hallarte con que unos hombres insolentes y soberbios se han apoderado de tu casa y pretenden quitarte el amor de tu esposa. Pero tú te vengarás de ellos. Cuando hayas cumplido esta misión, toma un remo y encamínate hacia donde viven aquellos que jamás vieron el mar. Conocerás que estás en la región cuando al avanzar por el sendero, algún caminante se acerque a ti para preguntarte si el remo que llevas al hombro es un aventador. Entonces clavarás el remo en la tierra y harás algún sacrificio a Neptuno. Solamente después de esto, podrás vivir feliz

largos años y morir dulcemente al cabo de ellos.

Así habló el alma de Tiresias, que volvió a sumergirse en las sombras. Y luego, ya temeroso corrí nuevamente a mi nave ordenando a mis compañeros que me siguiesen. Partimos en seguida, a través del océano, ayudados los remos por vientos favorables.

Pronto estuvimos en la isla de Circe otra vez. Allí sacamos la nave del mar, y dejándola

varada en la arena, nos acostamos a dormir en la playa. Cuando nos despertamos, llegaba Circe seguida de sus criadas, trayéndonos abundantes manjares y vino para reponer nuestras fuerzas.

—Mañana —dijo—, al despuntar la aurora volveréis a partir; yo os diré cuál es el camino que debéis seguir, con las instrucciones necesarias para que nos os agobien las desdichas.

Así, pues, acatando su consejo permanecimos allí todo el día, y cuando por la noche mis compañeros se echaron a dormir junto al barco, ella me tomó de la mano y haciéndome sentar a su lado, habló largamente.

—El primer peligro que te espera —dijo— es el de las Sirenas que encantan a los navegantes con su voz dulcísima. Nadie se libra de su atracción, y los que cometen la imprudencia de acercarse a la isla donde moran, embelesados por su canto, no pueden volver a salir jamás de allí. De manera que te aconsejo hagas que tus hombres se taponen con cera los oídos, y si por simple curiosidad tú quieres oírlas, no tapes los tuyos, pero hazte amarrar fuertemente al mástil, de forma tal que no puedas soltarte por grandes que fueran los esfuerzos que hicieras. Una vez que hayas superado este peligro, tu navío deberá pasar entre dos escollos. Uno, altísimo, está siempre rodeado de nubes negras, y su superficie es tan lisa que nadie ha podido escalarlo. En su base hay una caverna donde habita el maligno Escila, monstruo espantoso que vive aullando, y cuando alguna desdichada nave pasa cerca de él, arrebata a sus tripulantes y los devora. El otro, no es tan alto, y en él se alza una gran higuera a cuyos pies la diosa Caribdis bebe las aguas del mar. Tres veces al día las sorbe y tres veces al día vuelve a arrojarlas, devorando con ellas las embarcaciones. Te conviene acercarte más a Escila y tratar de pasar rápidamente, porque es preferible que pierdas algunos hombres y no que todos naufraguen en las fauces de Caribdis. Después llegarás a la risueña isla donde pacen las vacas y las ovejas del Sol, pero si quieres volver sano y salvo a Itaca, sigue de largo sin hacerles daño alguno. De otro modo, tu barco y tu tripulación estarán perdidos, y aunque tú consiguieses escapar, te esperarán muchos infortunios antes de llegar a tu querida patria.

Cuando terminó de hablar, la aurora de rosados dedos abrió el cielo. Circe volvió a su palacio y nosotros, botando nuevamente la nave, partimos con viento favorable. Previne entonces a mis compañeros acerca del peligro de las Sirenas, e hicimos tal cual la diosa nos aconsejara. Con blanda cera que calenté al sol, taponé los oídos de mis compañeros, y yo me hice amarrar fuertemente al mástil.

—Hemos sufrido muchas desgracias y pasado muchos peligros, venciéndolos siempre. ¿Acaso éste que nos amenaza ha de ser peor? Recordad, por ejemplo, a Polifemo y su caverna. ¡Animo y confiad en mí! Piloto, todo cuanto te digo es que te apartes cuanto puedas de esas olas y de esa niebla, y trata de acercarte a aquel escollo. Si la nave se aproxima al otro lado, nuestra muerte es segura. No tendremos salvación.

Reanimados con estas palabras, obedecieron mis órdenes, pero me cuidé muy bien de hablarles de Escila, porque el temor les hubiera impulsado a abandonar los remos para correr a esconderse adentro del barco. Así, pues, pasamos entre los dos escollos, acercándonos más a Escila, que era el menor de los dos peligros; y derramé abundantes lágrimas al ver que el monstruo me arrebataba a seis de mis mejores hombres. De todo cuanto había sufrido en el mar, nada me pareció tan desdichado como esto.

Escapamos así de Escila y de Caribdis y llegamos a la esplendente isla del Sol, donde pastaban los inmensos rebaños de vacas y ovejas. Recordé la recomendación que me hiciera Tiresias el tebano, en el reino de Plutón, y también las palabras de Circe, y aconsejé en toda forma a mis compañeros que volviéramos a partir inmediatamente. Estaban exhaustos, y Euriloco me respondió indignado:

—¡Eres cruel, Ulises! Porque tú eres fuerte y sobrehumano, y puedes soportar todas las fatigas, no te compadeces de nosotros que sólo ansiamos descansar un poco y reparar fuerzas durmiendo en esta amable isla. ¿Quieres que volvamos a luchar contra el embravecido mar y los vientos, sin siquiera lograr un poco de reposo esta noche? Ulises, mañana, al despuntar el día, nos haremos nuevamente a la mar.

Los otros compañeros lo apoyaron y yo, aunque de mala gana, consentí en que nos quedáramos en la isla, aunque exigí que no tocaran animal alguno de los rebaños y que se contentaran con los manjares que Circe

Muy pronto la nave pasó a la vista de la isla de las Sirenas, y pude oír claramente cómo me llamaban con voz dulcísima y cantos melodiosos. Por medio de gestos rogué a mis compañeros que me desataran, pero ellos, prevenidos ya, se limitaron a sujetarme más fuerte para que no pudiera desamarrarme. Cuando ya estuvimos tan lejos que era imposible oírlas, destaparon mis hombres sus oídos y soltaron mis ligaduras.

Poco después de alejarnos de la isla de las Sirenas, un humo negro y espantoso se levantó en el horizonte, en tanto las olas agitaban terriblemente nuestra nave, algo así como horrorosos mugidos llegaron a nuestros oídos, y mis camaradas quedaron poco menos que paralizados por el miedo.

Tuve entonces que animarlos con amistosas palabras:

nos había regalado para el viaje. Ellos juraron que así sería, y entonces anclamos junto a una corriente de agua dulce. Desembarcamos, prepararon la cena, y tras ella cayeron todos en pesado sueño al cabo de tantas fatigas como habíamos pasado.

Pero quiso Júpiter que esa noche se levantase un violento temporal y en cuanto el alba nos permitió ver algo, llevamos nuestra nave a una profunda gruta para guarecerla. Allí volví a recordar a mis hombres, en vista de que no podíamos partir como habíamos pensado, su promesa de no tocar los rebaños, puesto que en el barco teníamos provisiones suficientes. Un mes duró el temporal, y mientras tuvimos víveres, mis compañeros cumplieron su promesa. Cuando advertí el peligro que significaba el permanecer por más tiempo en la isla, me interné en los bosques y supliqué a los dioses que me indicaran la manera de poder salir de allí.

Un dulce sueño me invadió y estuve alejado más de lo que pensaba, lo que aprovechó Euríloco para instar a los demás a matar algunas de las vacas del Sol. Así lo hicieron, eligiendo las mejores. Y cuando yo desperté de mi sueño y volví junto a ellos, ya desde lejos el olor de la carne asada me hizo comprender lo que había pasado. Los reprendí severamente, pero desdichadamente, el mal ya estaba hecho.

No se hizo esperar el enojo de los dioses. Cuando se aplacó la tormenta, partimos de la isla, pero apenas estuvimos lejos de la vista de toda costa, Júpiter arrojó contra nosotros toda la furia del mar y de los vientos. Nuestra nave perdió el mástil que cayó sobre el piloto, y un rayo terminó por abatirla. Allí perdí para siempre a todos mis compañeros, que así pagaban su desobediencia, y quedé sin nave. Tendido sobre uno de los restos de mi embarcación y usando los brazos como remos, logré zafarme del peligro de hundirme y escapé. Durante días y noches me arrastraron las olas a su antojo y al llegar al décimo de ellos, los dioses me empujaron hacia la isla de Calipso, quien se compadeció de mí y me atendió cumplidamente.

VIII. ULISES EN ÍTACA

Así terminó Ulises el relato de sus desventuras, que parecían haber acabado en el reino de Alcinoo.

Tan encantados quedaron cuantos le oían, que permanecieron silenciosos durante un largo rato. Hasta que al fin, dijo Alcinoo, entusiasmado:

—¡Oh, ilustre Ulises! Ya que al cabo de todas tus fatigas has llegado a mi palacio, espero que desde aquí puedas alcanzar con toda felicidad las costas de tu patria.

Y luego invitó a todos los príncipes presentes a que añadieran, a los regalos ya ofrecidos al huésped, nuevas pruebas de afecto obsequiándole aún más presentes. Todos asintieron complacidos. La noche había caído hacía ya largo rato, y ahora todos se retiraron a descansar, pero apenas asomó la aurora sus rosados dedos, se dirigieron sin tardanza a la nave alistada en el puerto, donde dejaron sus regalos. También Alcinoo lo hizo así, y luego volvieron al palacio para el banquete de despedida. Ulises, ansioso de partir cuanto antes miraba de tanto en tanto hacia afuera, al sol resplandeciente que brillaba en lo alto, y cuando ya el astro declinaba, se dirigió a los amables feacios y al hospitalario Alcinoo para agradecerles cuanto habían hecho por él y los valiosos regalos con que lo obsequiaran aquella mañana. Al terminar su discurso, pidió la bendición de los dioses para el pueblo feacio.

Tan gentiles palabras agradaron sobremanera a los que escuchaban, y al momento Alcinoo dio la orden de partir, mandando a un heraldo que condujese al prudente Ulises a la nave, en tanto la reina ofreció sus esclavas para transportar hasta ella cuanto aún faltaba: cofres con joyas y frascos con dulces vinos. Instalado ya el héroe en la nave, soltaron las amarras los tripulantes y comenzaron a remar, en tanto un dulce y profundo sueño invadió a Ulises.

Así partió de la tierra feacia, y mientras él dormía plácidamente al cabo de tantas fatigas, la nave ligera volaba suavemente sobre las olas, de modo tal que cuando la brillante estrella del alba anunció la aurora, la veloz embarcación llegaba a Itaca. Entraron los remeros en el puerto con impulso tan vigoroso que la nave quedó varada en la playa. Después, levantaron al prudente y valeroso Ulises que todavía dormía, y lo depositaron cuidadosamente en tierra. No olvidaron los magníficos presentes de la corte de Alcinoo, y temiendo que alguien los robase mientras el héroe descansaba, los ocultaron junto a un olivo alejado del camino y confundido entre otros árboles.

Cuando Ulises despertó de su profundo sueño, no reconoció el lugar en que se hallaba, porque Minerva, temiendo que el exceso de alegría lo dañara, lo había envuelto en espesa neblina. Ella quería hacerle algunas advertencias, porque era necesario que el victorioso guerrero que volvía de Troya, castigara a los pretendientes como lo merecían antes de que su esposa o alguno de sus compatriotas lo reconociera. Por eso la diosa hizo que todo el paisaje apareciera cambiado a sus ojos, y por eso también, cuando Ulises despertó, miró desesperado a su alrededor y gimió dolorido:

—¡Oh, siempre desdichado! ¿En qué país me encuentro, otra vez desconocido? ¿Quiénes vivirán en él? ¡Oh, dioses! ¿Es que los príncipes feacios no eran tan bondadosos co-

mo me pareció? Prometieron traerme a mi amada Itaca, y heme otra vez en tierra extranjera.

Entonces Minerva, bajo la forma de un joven pastor, se acercó a él, calzados los pies con hermosas sandalias y llevando en la mano una jabalina. Ulises sintió gran alegría al verlo, y le gritó:

—¡Salud, amigo, puesto que eres el primer hombre que encuentro en esta tierra! Dime dónde me encuentro, y si esto que piso es una isla o la playa de algún gran continente desconocido.

—Debes venir de muy lejos cuando preguntas qué tierra es ésta, pues es uno de los países más célebres y conocidos. Es rico y fértil en trigos y viñas, porque lo riegan abundantes lluvias; sus ganados tienen en él suficiente alimento y posee bosques inmensos con manantiales que nunca se agotan. Extranjero, el nombre de este país es Itaca, y su renombre llegó hasta Troya.

Ulises sintió inundársele el pecho de alegría al oírlo, pero siempre prudente y astuto, ocultó su sentimiento.

—En verdad, he oído hablar mucho de Itaca allá en Troya, de donde vengo con todas estas riquezas. Y así me veo ahora, solo y triste, en tierra extranjera, en la que espero contar con tu ayuda.

Cuando él terminó de hablar, sonrió Minerva la de los brillantes ojos, al advertir su astucia para responder; y volviendo a recuperar su verdadera figura, sonrióle dulcemente, mientras le tomaba la mano. Luego, le habló así:

—Siempre prudente, Ulises. Pero deja ya tus astucias y tus engaños. No seas pícaro y mucho menos conmigo, que si tú eres maestro entre los hombres para inventar sutiles artimañas, me celebran a mí por lo mismo las divinidades del Olimpo. ¿No me has reconocido aún? ¿No ves a Minerva, tu protectora? Vengo ahora a darte los consejos que necesitas y a advertirte de los peligros y fatigas que todavía te reserva el destino. Tendrás que armarte de todo tu valor y, por sobre todo, tratar de que nadie te conozca. Es preciso que sufras en silencio cuantas ofensas te hicieran. Siempre te he protegido y sabía que llegarías sano y salvo a tu país. Si no salvé también a tus compañeros, fue por no irritar demasiado a Neptuno, que quería vengarse de ti por haber dejado ciego a su hijo Polifemo. Y para que veas que no te engaño, haré ahora que reconozcas tu patria amada.

Al decir esto, quitó la niebla que rodeaba a Ulises y el héroe, loco de alegría, miró extasiado a su alrededor los lugares conocidos y se inclinó para besar la tierra.

—Bien —concluyó la diosa, encantada por la acción de Ulises—, guardemos tus riquezas en lugar seguro y entremos sin perder tiempo en acción.

En seguida, ocultaron en oscura cueva los valiosos presentes que los feacios le hicieran antes de partir y luego, sentados al pie de un olivo, se pusieron a conversar sobre lo que debían hacer.

—Ahora es cuando tendrás que emplear todo tu agudo ingenio, Ulises, para echar de tu casa a esos insolentes que desde hace tres años se han apoderado de ella. Por eso quiero que te vuelvas irreconocible para cuantos te vean. Arrugaré tu piel y te vestiré con andrajos miserables, de manera que parezcas un sucio y viejo mendigo. No sólo los pretendientes, sino ni siquiera tu mujer y tu hijo podrán reconocerte bajo ese aspecto. Cuando estés así cambiado irás a la cabaña de tu porquerizo Eumeo, que siempre te ha permanecido fiel. Entérate por él de todo cuanto pasa y yo, mientras tanto, iré a Esparta donde se

encuentra tu hijo procurando saber noticias tuyas en la corte de Menelao, y lo haré volver. No temas por él, porque yo misma lo incité a partir para que ganase por sí mismo reputación de audaz y valiente. Es verdad que los pretendientes esperan escondidos su regreso y le han tendido una emboscada para matarlo; pero ellos serán quienes hallarán la muerte.

Entonces Minerva, tocando a Ulises con su varita, lo transformó tal cual dijera en un mendigo lleno de arrugas y de años, cambió sus ricos vestidos por andrajos y dándole un bastón, echó sobre sus hombros un zurrón lleno de agujeros.

IX. EL REGRESO DE TELÉMACO

Desde el pequeño puerto echó a andar Ulises por entre medio de bosques y montañas, en busca del porquerizo a quien halló junto al refugio de piedras de sus rebaños. Al ver al extraño, los perros se lanzaron sobre él con terribles ladridos y Ulises, apelando a su astucia, se fingió muy asustado. Eumeo corrió en su auxilio, alejando a los perros a pedradas.

—De buena te has librado, anciano —dijo, a manera de saludo—, y mucha pena hubiera sentido si mis perros llegan a lastimarte. Pena que se hubiera sumado a las muchas que ya tengo por la ausencia de mi amo, a quien lloro sin cesar, y que aumenta al tener que ofrecer a sus enemigos, invasores de su palacio y ladrones de sus bienes, cuanto de mejor tengo entre mis animales. Tranquilízate ya y ven a mi cabaña a comer algo.

Lo hizo entrar a su vivienda y echando por el suelo un montón de hojas secas, puso luego sobre ellas una gran piel de cabra y lo invitó a sentarse. Ulises, agradecido por aquel generoso recibimiento, pidió para el porquerizo la protección de los dioses. Mientras comían, Eumeo contó todo cuanto había sucedido desde el momento en que se supuso que Ulises no regresaba de Troya, y cuánto mal hacían los pretendientes en su palacio, cómo lo despojaban de todos sus bienes, cómo devoraban sus ganados y cómo la desdichada Penélope lloraba cada vez que algún peregrino llegado a Itaca respondía a sus preguntas sobre su amado esposo contándole mil patrañas. Eumeo concluyó su relato entre suspiros, lamentando la muerte de su amo.

—Amigo —lo alentó Ulises—. Quizá no me creas, pero yo afirmo que pronto lo verás aquí. Volverá este año a su palacio y tomará debida venganza de cuantos han ofendido a su casa, a su mujer y a su hijo. Sea testigo Júpiter de mis palabras.

Eumeo se encogió de hombros, suponiendo que el viejo mendigo quería conquistar su buena voluntad con aquella bien intencionada profecía, y siguió ofreciéndole sus viandas con igual benevolencia.

Cuando Minerva dejó a Ulises a salvo en Itaca, corrió a la vasta Lacedemonia donde se hallaba Telémaco. Estaba acostado junto al hijo de Néstor sobre su lecho de púrpura, en el palacio de Menelao, pero no dormía como su compañero, ya que su pensamiento estaba siempre ocupado con la suerte que hubiera podido correr su padre.

Se acercó a él Minerva, la de los brillantes ojos, y lo urgió a regresar a su palacio. Los insolentes pretendientes seguían saqueando su casa y no era conveniente que prolongase más tiempo su ausencia.

—Ruega a Menelao que no demore tu partida con festejos, porque es preciso que vuelvas en seguida. Y he de advertirte que los pretendientes te han preparado una emboscada en el estrecho que existe entre Itaca y

Samos, y quieren matarte cuando tú vuelvas. Te aseguro, sin embargo, que más de uno de ellos bajará al reino de Plutón antes de poder hacer nada contra ti. Te aconsejo, entonces, que alejes tu nave de ese sitio y deja que los dioses que velan por tu suerte te lleven con viento favorable. En cuanto llegues a Itaca, al punto donde ellos te guíen, haz que el navío regrese a la ciudad y tú dirígete directamente a casa de Eumeo, el fiel porquerizo que guarda tus manadas. Pasarás la noche en su

ciso que partiera al momento, y entonces Menelao dispuso que se preparase todo en seguida y ofreció a los jóvenes valiosos obsequios.

—Que el poderoso Júpiter te lleve pronto y felizmente a tu patria, como tú lo deseas. Da mis saludos a Néstor y dile que no me he olvidado los días de camaradería en Troya.

cabaña y luego lo enviarás a palacio a decir a tu madre que has regresado sano y salvo.

Volvióse luego Minerva al Olimpo y Telémaco despertó a su compañero para instarlo a partir. Ya listos ambos, expuso Telémaco sus razones de apuro a Menelao quien, al advertir la impaciencia que demostraba su huésped, no hizo ningún esfuerzo por retenerlo, si bien con su amplio sentido de la hospitalidad, no quiso que partiera sin el debido homenaje de un banquete. Insistió Telémaco, pese a su timidez, en que era pre-

—¡Oh, rey! —respondió el gentil Telémaco desde el carro que había de llevarlos, cargado con los ricos regalos—. Haremos presente a Néstor tus buenos deseos de amistad y ojalá pueda yo también, a mi regreso a Itaca, contar a mi padre, Ulises, cuán bondadoso has sido conmigo y mostrarle los regalos que me has hecho.

Pisístrato, el hijo de Néstor, hizo restallar

el látigo y los corceles volaron sobre el camino. No tardaron así en llegar a Pilos, y Telémaco expresó un ruego a su amigo: sabía que el anciano rey Néstor, con su sentido de la hospitalidad y el cariño que le dispensaba, querría ofrecerle nuevamente las atenciones de su casa, por lo que le suplicó que en vez de llevarlo al palacio de su padre, lo dejara en el puerto, junto a su nave, para no perder un solo momento en el camino de regreso a su país.

Accedió comprensivo Pisístrato y volviendo los caballos los condujo hasta el puerto donde esperaba la nave velera. Los jóvenes se despidieron con un abrazo, y luego, a velas desplegadas y en manos de expertos tripulantes, la embarcación de Telémaco voló sobre el anchuroso mar, llevada por la esperanza y protegida por los dioses.

Largo rato hacía que se había puesto el sol y las tinieblas cubrían la tierra, cuando la nave, impulsada por vientos favorables que manejaba Júpiter, sorteaba el rocoso cabo donde los pretendientes le habían tendido una celada y siguiendo la ruta indicada por los dioses, puso proa hacia el lugar donde el joven debía desembarcar.

Mientras tanto, Ulises y Eumeo cenaban en la cabaña de este último, rodeados de otros pastores, y matizaban la comida con entretenidas charlas. Al término de la cena y después de conversar un buen rato, se tendieron a dormir. Pero ya estaba cerca el instante en que la aurora de rosados dedos avanzara en su carro de oro, y llegó la hora de levantarse. Era precisamente el momento en que Telémaco llegaba a la playa y echaba anclas en el fondeadero. El joven y la tripulación saltaron a tierra y después de comer y beber algo, Telémaco les dio orden de llevar la nave a la ciudad mientras él visitaba a sus pastores en el campo.

—Al caer la tarde volveré a mi palacio y en recompensa de este viaje, os convidaré con un banquete.

Así se despidió de ellos, y mientras sus compañeros regresaban tal como él les había ordenado, Telémaco se dirigió a buen paso a la cabaña de Eumeo, el fiel porquerizo que tanto quería a sus señores.

X. EL ENCUENTRO DE ULISES Y TELEMACO

Al despuntar la aurora, Ulises y Eumeo encendieron el fuego para preparar su desayuno, y en eso estaban cuando llegó Telémaco a la majada. Advirtió Ulises que los perros no le ladraban y que, por el contrario, movían la cola regocijados, por lo cual creyó que se aproximaba algún pastor de las cercanías. Así estaba diciéndoselo a Eumeo cuando su amado hijo apareció en el umbral. Se levantó al verlo el porquerizo, tan asombrado, que las tazas en que mezclaba el vino se le cayeron de las manos y corrió al encuentro de su señor, al que besó ambas manos sin poder contener las lágrimas.

No se cansaba Eumeo de contemplar y abrazar a Telémaco, a quien miraba como si hubiese resucitado.

—¡Al fin han querido los dioses, amado Telémaco, que volviera a verte! No creí que esto sucediera desde que supe que habías marchado a Pilos, en procura de noticias de tu padre. Pero pasa, hijo mío, hijo querido, entra.

—Querido Eumeo —dijo entonces Telémaco— antes de seguir a la ciudad he querido venir a verte para saber por ti si mi madre está todavía en el palacio o si ya se ha casado con alguno de aquellos príncipes.

—¡Oh! Tu madre sigue en el palacio, con heroica firmeza, y allí pasa sus días y sus noches entre suspiros y lágrimas.

Eumeo pidió a Telémaco que descansara en su cabaña, y esparció sobre el suelo verdes ramas que luego cubrió con una piel, para que el joven se sentara. Así comieron juntos los tres las viandas preparadas por el pastor.

—Eumeo —dijo por fin Telémaco— espero que me digas quién es tu huésped y de dónde ha venido.

Entonces le contó Eumeo cuanto Ulises le había dicho, esto es, que tras mucho andar y navegar por tierras y mares, acababa de escaparse de un barco donde se le tenía cautivo.

Lograba su sustento mendigando, y puesto que ahora había llegado a Itaca, Eumeo lo dejaba en manos del generoso Telémaco. A esto replicó el joven que mal podía él, sin autoridad, sin casa, sin fuerzas, ofrecerle nada.

—Preferible es que permanezca aquí contigo. Yo te enviaré ropas y alimentos para que no te sea gravoso, pero de ninguna manera quisiera exponerlo a los insultos de quienes se han adueñado de mi palacio en ausencia de mi padre. En fin —concluyó Telémaco—, en manos de los dioses está todo y ellos resolverán. Eumeo querido, ve a ver a mi madre, la prudente y gentil Penélope, y dile que he llegado a Pilos sano y salvo. Pero díselo sólo a ella, sin que nadie más se entere, porque son muchos los enemigos que traman contra mí malos propósitos. Aquí quedaré esperando tu regreso.

Eumeo calzó sus sandalias y partió rápidamente hacia la ciudad. Aprovechó entonces Minerva su partida para presentarse discretamente, sin que Telémaco la viera, y desde la puerta hizo señas a Ulises para que saliera. Una vez afuera, le aconsejó que hablara claramente con su hijo, que le revelara quién era y que entre los dos trataran de hallar la manera de dar fin a los pretendientes. Cuando terminó de hablar, lo tocó con su varita y Ulises recuperó su limpia túnica y su gallarda apostura. Al desaparecer nuevamente la diosa, él volvió a la cabaña y se presentó ante Telémaco con su apariencia de señor, dejando maravillado al joven que creyó hallarse ante un dios.

—No —explicó el prudente Ulises—, no soy un dios. Telémaco, soy tu padre, ese padre al que lloras perdido desde hace tanto tiempo.

Al terminar de decir esto, cayeron en brazos uno de otro, y en tan tiernos transportes estuvieron largo rato.

—Esto que tanto te admira, este cambio que en mí ves —dijo luego Ulises— es obra

de Minerva; ella me convierte en mendigo o señor, según convenga a mis intereses.

Y después, en pocas palabras, contó a su hijo cómo había llegado de regreso a Itaca llevado por los gentiles feacios que lo habían colmado de valiosos presentes, y cómo siguiendo el consejo de Minerva, dirigió sus pasos a la cabaña de Eumeo para allí encontrarse con su hijo y planear con él el fin de los orgullosos pretendientes.

—Mañana —prosiguió—, en cuanto se descubra la rosada aurora, irás a la ciudad para que sepan tu regreso. Yo llegaré más tarde con mi aspecto de andrajoso mendigo. Y si me injurian y me insultan, sopórtalo con paciencia, hijo mío, pero no intervengas. En cuanto sea posible, entre los dos trasladaremos cuantas armas hay en la parte baja del palacio a la cámara superior; y si te preguntaran acaso por ellas, al advertir que faltan, diles que las has llevado para que el humo no empañe el brillo que siempre tuvieron. Dejarás tan sólo para nosotros, dos espadas, dos lanzas y dos escudos, con los cuales podremos atacarlos llegado el momento. Pero escucha: no digas a nadie quién soy; que nadie lo sepa, ni tu abuelo Laertes, ni el fiel Eumeo, ni siquiera tu madre.

Así conversaban Ulises y Telémaco mientras Eumeo corría a la ciudad, donde se presentó ante Penélope para darle la feliz noticia de que Telémaco había regresado. Una esclava infiel se encargó de descubrir la novedad, y muy pronto corrió la nueva por el palacio, sembrando gran confusión entre los pretendientes, obligados a admitir la proeza del joven Telémaco; ninguno había creído que pudiera volver de su viaje, y pronto comprendieron que sus amigos habían fracasado al tenderle la celada mortal.

—No nos queda otra cosa que hacer —dijo Antínoo— que tenderle nuevas celadas de las que no pueda escapar. El joven es prudente y por lo visto no le falta inteligencia; además, nosotros no contamos con la simpatía del pueblo. Tendremos que darle muerte antes de que llegue a la ciudad.

Se opuso a esto Anfínomo, que creyó advertir señales de que no era tal propósito grato a los dioses, y a todos los demás parecieron sensatas sus palabras; y tras discutir brevemente, se reunieron de nuevo alrededor de la mesa del festín, en el gran salón.

Caía la tarde cuando el fiel Eumeo volvió a su cabaña, donde Ulises y Telémaco disponían ya la cena. Ulises, por disposición de Minerva, tenía otra vez su aspecto de mendigo, no fuera Eumeo a reconocerlo y corriera a revelar el secreto a Penélope.

XI. EL VIEJO MENDIGO

APENAS asomó la aurora sus rosados dedos, calzóse las sandalias el amado hijo de Ulises y empuñando su fuerte lanza, dijo al porquerizo:

—Eumeo, voy a ver a mi madre, pues sé que sólo al tenerme a su lado dejará de llorar y suspirar. Por lo que a ti toca, no dejes de llevar a este hombre a la ciudad, para que allí busque su sustento mendigando; no faltará quien le tienda un mendrugo. Yo, aunque quisiera, no puedo ocuparme de los forasteros.

Diciendo esto, abandonó Telémaco la cabaña y emprendió a buen paso su camino, pensando en todo momento en la destrucción de los pretendientes. Llegó al cabo a la ciudad, y cuando entró en su palacio, la primera en verlo fue la nodriza Euriclea que, inundada en lágrimas, corrió a su encuentro. Pronto se vio rodeado por todas las demás esclavas de su madre, y no tardó en aparecer la discreta Penélope, hermosa como nunca, que echó los brazos al cuello del hijo amado y lo besó con ternura en los ojos.

—¡Por fin has vuelto, Telémaco, hijo, luz de mi alma! Creí que no volvería a verte, desde el día en que supe que te habías ido a Pilos en busca de noticias de tu padre, sin revelarme tus propósitos. Puesto que has vuelto ya, hijo querido, dime qué es lo que has sabido.

—Madre, fui, como lo sabes, a Pilos, donde Néstor me recibió en su palacio con el cariño

con que se recibe a un hijo. Pero nada pudo decirme, porque nada sabía de Ulises; diome

entonces un carro y magníficos corceles para que fuera en busca de Menelao, y hasta me hizo acompañar por su hijo Pisístrato, que fue para mí el mejor de los compañeros. Llegué al palacio de Menelao y allí me fue dado conocer a la hermosa Helena, causa de tantos infortunios. Grande fue la indignación de Menelao al saber por mí cuanto los príncipes que te pretenden hacían en nuestra casa, y afirmó que Ulises habría de darles vergonzosa muerte. Entonces me contó que sabía que mi padre vivía en una isla, preso de la ninfa Calipso; carece de nave y de compañeros, todo lo ha perdido, y no puede atravesar el anchuroso mar. Tal me contó Menelao, y yo, con el favor de los dioses que hacia aquí impulsaron mi embarcación, emprendí el camino a la patria.

Así conversaban tiernamente madre e hijo, mientras los pretendientes se divertían con sus juegos de discos y jabalinas, frente al palacio. Pero cuando al llegar la hora vieron aparecer a los pastores de los campos que traían las reses para el banquete, dejaron sus juegos y muy pronto estuvieron dispuestos alrededor de la mesa del festín.

Entretanto, Ulises y Eumeo se disponían a emprender el camino hacia la ciudad.

—Sé tú mi guía —dijo Ulises— y dame algún bastón para que me sirva de apoyo.

Echóse luego el roto zurrón a la espalda, y apenas le dio Eumeo el palo que solicitaba, partieron juntos. De este modo fue como Eumeo, el porquerizo, condujo a la ciudad a su rey, convertido en un miserable mendigo cubierto de andrajos.

Cuando Ulises y Eumeo estuvieron delante del palacio, fingió aquél desconocerlo y se quedó contemplándolo con asombro. Hasta ellos llegaba el dulce son de la cítara que adentro se tocaba.

—Supongo —dijo el mendigo fingido— que este hermoso palacio será el de tu rey. ¡Qué mansión tan hermosa! No puede ser sino la de Ulises.

—No te engañas —respondió Eumeo suspirando—. Esta es su casa. Pero veamos qué es lo que debemos de hacer antes de entrar. ¿Lo haré yo primero o entras tú y yo te sigo? Temo que si te quedas aquí alguno que te vea te dé un golpe.

Ulises manifestó estar hecho a la rudeza de la vida; poco tenía que temer, y sugirió que fuera Eumeo quien entrara y él le seguiría en seguida. En momentos en que así conversaban, un perro llamado Argos que junto a los muros estaba echado, levantó la cabeza y enderezó su gachas orejas. Corrió por las mejillas de Ulises una lágrima que se apresuró a enjugar para que no la advirtiese Eumeo, porque le conmovió profundamente el reconocimiento del perro, el fiel compañero que sin poder hablar, le daba así la bienvenida a su hogar. El pobre Argos, abandonado a su suerte desde la invasión de los pretendientes, rondaba los muros del palacio, enflaquecido y sucio; y ahora, después de aquella última manifestación de alegría ante la vista de su amo, quedó tendido, muerto, delante de la puerta de la mansión.

El primero que vio a Eumeo cuando entró en la sala fue Telémaco, quien lo hizo sentar a su lado. Casi inmediatamente entró el viejo y harapiento mendigo, apoyado en su palo. Tendióle Telémaco un cesto con pan y carne, diciéndole que pidiera también a los pretendientes. Ulises comió lo que se le había dado, y luego, inspirado por Minerva, dio la vuelta a la mesa pidiendo su limosna. A todos los príncipes alargó la mano, con tanta naturalidad como si en toda su vida no hubiera hecho otra cosa que mendigar, y todos compadecidos del viejo, le dieron algo mientras se preguntaban con extrañeza quién sería aquel forastero que así irrumpía en el festín.

Sólo Antinoo se negó a favorecerlo con su dádiva, y Telémaco se lo reprochó, no consiguiendo con ello sino que el príncipe respondiera con altivez e insolencia a sus palabras. Entonces se volvió a él Ulises, y otra vez le imploró su limosna, aduciendo que también él, en otra época, había sido dichoso y siempre había socorrido al necesitado. Su discurso provocó el enojo de Antinoo quien, enceguecido de cólera, arrojó contra el mendigo su escabel con toda su fuerza, dándole en el hombro, sobre la espalda. Recio y duro fue aquel golpe, pero Ulises se mantuvo firme y aunque sacudido interiormente por el furor, logró contenerse; movió silenciosamente la cabeza, y con su zurrón repleto, se sentó con humildad en el suelo, en un rincón cercano a la entrada.

Sintió Telémaco vivo dolor al ver así maltratado a su padre, pero no vertió una lágrima ni hizo un gesto; inclinó la cabeza y dejó mecer su espíritu en negros pensamientos. Poco después se le acercó Eumeo para despedirse; volvía a su montaña, y antes de marcharse, rogó encarecidamente al joven que se cuidase de la maldad de los pretendientes. Se lo prometió así Telémaco y Eumeo partió dejando tras de sí el palacio iluminado, lleno de aquellos insolentes parásitos que se recreaban con el canto y la danza después del festín.

No había pasado mucho tiempo desde la partida de Eumeo, cuando se presentó a las puertas del palacio Iro, un mendigo que tenía la costumbre de pedir su sustento por toda la ciudad; era famoso por ser insaciable, ya que siempre estaba hambriento y siempre estaba

comiendo. Al ver a Ulises sentado junto a la puerta, se propuso echarlo.

—¡Largo de aquí, viejo! —le gritó—. ¡Largo, vete, si no quieres que te eche con mis propias manos!

—¡Desdichado! —replicó Ulises con enojo—. ¿Te hago yo acaso algún daño? ¿Te privo de algo? Déjame, pues, no me provoques; no sea que a pesar de no ser yo sino un viejo, tengas que arrepentirte de lo que dices y no te queden ganas ya de volver nunca por aquí.

Oyó desde adentro Antinoo la disputa que mantenían los dos mendigos, y sin poder contener la risa se dirigió a los pretendientes.

—¡Amigos! —exclamó—. ¡Ved qué diversión nos proporcionan los dioses! Iro y el forastero están riñendo y van a llegar a las manos. ¡Animémosles a combatir!

Se levantaron todos al instante y corrieron a rodear a los que disputaban. Ulises se había despojado de parte de sus andrajos y los asombrados ojos de los príncipes pudieron admirar sus fuertes músculos, sus amplias espaldas, su pecho poderoso, sus robustos brazos. Por su parte, Iro sintió que se moría de miedo, pero los criados de los príncipes lo empujaron al combate. Ulises dudaba entre matarlo al primer golpe o darle sin mucha violencia, sólo para derribarlo. Se decidió por fin por esto último y, en tanto Iro trataba de alcanzarlo con sus puños en el hombro, le aplicó un tremendo golpe debajo de la oreja, que le desencajó la mandíbula; Iro cayó desmayado en tierra. Ulises lo tomó entonces por un pie y arrastrándolo a través del vestíbulo y el patio, lo echó afuera. Los príncipes, que reían todavía muy divertidos, lo felicitaron efusivamente.

Fue entonces cuando Minerva inspiró a la discreta Penélope la ocurrencia de aparecerse a los pretendientes en el salón del festín y la diosa misma la colmó en ese momento con los mejores dones de la hermosura. Entró Penélope en la sala y todos quedaron deslumbrados al verla tan hermosa. Su presencia impuso silencio; entonces habló la reina y con verdadera majestad, aunque con ternura, reprochó a Telémaco el haber permitido que ante sus ojos maltratasen al huésped llegado aquella noche. Telémaco se limitó a recordarle que estaba solo y que nada podía él contra todos.

Los pretendientes se desentendieron de esta conversación entre madre e hijo, y rodeando a la reina la instaron a que decidiera de una vez con cuál de ellos habría de casarse.

—Bien sabes —dijeron— que todos estamos enamorados de tu hermosura.

—Mi hermosura —respondió ella— desapareció el día mismo en que mi muy amado esposo partió hacia Troya. ¡Ay! Si él volviese, entonces sí volvería a encontrarla al dedicarme al cuidado de mi hogar, y grande sería entonces mi gloria. Pero ahora, afligida como estoy por tantos males como me envía algún dios implacable, y privada de la presencia de quien amo, nada soy.

Así diciendo, volvió Penélope con el corazón dolorido a sus habitaciones, mientras los príncipes se entregaban a la diversión del canto y de la danza. La noche estaba ya avanzada y se encendieron los braseros y antorchas. Ulises se sentó junto a uno de los braseros, pero no consiguió librarse de las insolentes palabras de los pretendientes: inspirados por Minerva, que así quería excitar la cólera de Ulises, volvieron otra vez a sus punzantes injurias contra el mendigo. Pero ahora intervino Telémaco, cansado ya de aquella situación, y con extraña energía los exhortó a volver a sus casas y descansar. Muy asombrados quedaron ante tanta audacia los pretendientes; pero ahítos y cansados, aceptaron sin embargo el prudente consejo y se retiraron a sus respectivas moradas.

XII. LA SORPRESA DE LA NODRIZA

QUEDARON entonces solos en el palacio Ulises y Telémaco, y sin perder un momento se entregaron a la tarea de trasladar las armas a la parte alta de la casa, lo cual hicieron alumbrados por la misma Minerva. Cuando terminaron de llevar todas las armas, y después de dejarlas a buen recaudo, Telémaco se retiró a sus habitaciones a descansar, en tanto Ulises se acomodó en la gran sala, junto al fuego, donde se dispuso a pasar la noche imaginando, por inspiración de la diosa Minerva, la mejor manera de terminar con los pretendientes.

Allí estaba, entregado a sus pensamientos, cuando Penélope, tan hermosa como la más hermosa de las diosas, salió de su aposento seguida de sus esclavas y bajó al salón. Las doncellas dispusieron para ella un sillón de plata y marfil junto al fuego. Volvió Penélope los ojos a un rincón y al ver a Ulises en el suelo, hizo que le trajeran una silla y que la cubrieran con una piel para que el extranjero tomara asiento en ella.

Y luego dijo:

—Dime antes que nada, forastero, quién eres y de dónde vienes.

—¡Oh, reina!, respondió el viejo mendigo—. Hazme cuantas preguntas quieras, pero te suplico que ninguna sea sobre mi nacimiento ni sobre mi patria, porque ese recuerdo me sume en el dolor más cruel.

—Puedo comprenderte —replicó la discreta Penélope— porque ahora sólo conozco penas y angustias. Males terribles se abatieron sobre mí al irse de Itaca mi marido, y sobre que su prolongada ausencia es vivo dolor para mi corazón, están ahora los príncipes que me pretenden contra mi voluntad y arruinan mi casa. Ellos tienen prisa para que yo elija esposo, y me veo obligada a engañarlos continuamente. Así inventé que debía terminar de tejer un lienzo antes de decidirme, y lo que tejía de día, lo destejía por las noches.

Pero lograron descubrir mi secreto por una criada. Ya no puedo hacer nada, y tendré que casarme para evitar la ruina total de esta casa. Pero en fin, dime tú quién eres y qué haces en este reino.

—¡Oh, venerada esposa de Ulises! Puesto que así lo deseas, hablaré.

Y Ulises hizo un relato totalmente inventado de su pasado. En medio de sus invenciones, dijo el mendigo que había recibido una vez a Ulises en su casa de Creta y describió prolijamente su aspecto y sus vestidos, para terminar asegurándole que su marido estaría muy pronto de regreso.

Contaba Ulises las cosas falsas con tal habilidad que parecían verdaderas y las lágrimas corrían por el rostro de Penélope hasta que al fin se serenó y dijo dulcemente:

—Huésped, hasta este momento no me había inspirado sino esa compasión natural que se siente siempre por quienes son desdichados; pero has sabido conquistar mi estima, has despertado en mí un grato sentimiento de amistad hacia ti, y de aquí en adelante, serás un ser querido en esta casa.

Ulises se sintió hondamente conmovido ante estas palabras, y con voz cálida y sincera, volvió a asegurarle que su marido vivía y que estaba muy cerca.

Llegó por fin el momento de retirarse a descansar, pero antes quiso Penélope que las esclavas ofrecieran al huésped baño y ropa limpia; el forastero sólo aceptó ser atendido por Euriclea. Se inclinó la vieja nodriza para lavarle los pies, y fue entonces cuando, sin que él pudiera evitarlo, vio la cicatriz de una antigua herida que un jabalí le hiciera años antes, durante una cacería a su amado Ulises. De la impresión que recibió, soltó la pierna y derramó el agua; llenos los ojos de lágrimas, acarició la cabeza de Ulises, murmurando:

—¡Ay, hijo querido! ¡Ulises! Pensar que no he sabido reconocerte, y que si no hubiera sido por esta cicatriz...

Se interrumpió y volvió los ojos hacia Penélope, dispuesta a revelarle que allí estaba el marido adorado. Ulises adivinó su intención y le dijo suavemente:

—¡Calla, ama, calla! Y puesto que algún dios te ha iluminado para que me reconocieses, guarda el secreto. Sólo tú lo sabes y nadie más.

—Guardaré tu secreto —respondió la fiel nodriza—. Por mí nadie lo sabrá.

Ya limpio y con vestiduras decentes, volvió Ulises junto al fuego donde cubrió cuidadosamente sus pies para ocultar del todo la cicatriz. Reanudó su conversación con Penélope, y ella le reveló entonces un nuevo propósito que tenía respecto a los pretendientes.

—He pensado hacerles participar en un certamen cuyo premio seré yo misma. Cuando estaba aquí mi marido, solía distraerse colocando en el patio, a espacios regulares, doce

segures derechas y alineadas como los puntales de un navío en construcción. Después, desde muy lejos y con admirable puntería, arrojaba una flecha que atravesaba los doce anillos. Quiero invitar a los príncipes a un ejercicio similar. Quien sea más hábil y haga pasar una flecha por los anillos, será mi esposo. Con él me alejaré para siempre de esta casa.

—¡Oh, venerada mujer de Ulises! —replicó el extraño—. Buena es tu idea y no debes demorar más tiempo en ponerla en práctica; estoy seguro de que Ulises ha de llegar antes de que cualquiera de ellos consiga salir victorioso de tal prueba.

Con esto concluyó su charla de esa noche. Levantóse Penélope y despidiéndose del huésped se retiró a sus habitaciones donde volvió a llorar sobre la almohada ardientes lágrimas en recuerdo de Ulises, hasta que Minerva dejó caer sobre sus ojos el más dulce de los sueños.

XIII. PENÉLOPE Y ULISES

DESCUBRIÓSE la aurora cuando Ulises despertó. Recogió entonces el manto y las pieles sobre las cuales había dormido, y salió del palacio. Se le acercaron en esto dos pastores de su casa: Melantio, el cabrero y Filetio, que llevaba consigo una vaca. Melantio se mostró muy despectivo frente al haraposo mendigo y se alejó prestamente, en tanto que Filetio conversó amablemente con él, lamentándose luego con tristes palabras de la ausencia de su rey.

Poco a poco fueron llegando también los pretendientes. Dejaron sus mantos en sillas y sillones, sacrificaron los mejores animales de los rebaños que trajeron los pastores y servidos por Melantio, Eumeo y Filetio, se entregaron al festín. Telémaco, con intención, invitó a Ulises a sentarse junto al umbral, donde le hizo colocar una pequeña mesa y una silla. Y después de servirle su comida, lo invitó a compartir el banquete.

—Bebe y come tranquilo —le dijo— que yo cuidaré de que nadie te maltrate. Esta casa es de Ulises, que la hizo construir para mí.

Los príncipes quedaron un instante callados, debido al asombro que les produjo la audacia con que Telémaco les hablaba.

Mientras tanto Penélope, tomando una enorme llave de oro y marfil, subió al cuarto secreto donde se guardaban los tesoros del palacio; allí encontró el arco y las flechas de Ulises. En seguida bajó a la sala del banquete y cubierto el rostro por un delicado velo, les habló:

—Príncipes que estáis arruinando la casa de Ulises, os invito a participar en un certamen en el que todos podrán intervenir. Este es el arco y éstas las flechas de Ulises. Quien pueda tenderlo con facilidad y haga pasar una flecha por los doce anillos que estarán sostenidos sobre otros doce pilares, será mi esposo. Y yo me iré con él dejando para siempre este palacio, al que siempre añoraré.

—¿Habré perdido yo el juicio —interrumpió entonces Telémaco— cuando creo entender que mi madre se irá de esta casa por seguir a un nuevo esposo? Pero puesto que tal es lo que he oído, yo también quiero participar en el torneo; vosotros para ganarla, yo para no perderla.

Al decir esto se puso a clavar las segures en el patio. Luego, volvió hacia atrás y tomó el arco; por tres veces intentó tenderlo, y quizá lo hubiera logrado a la cuarta, si no hubiera advertido que Ulises le hacía una seña. Y mostrando su desaliento, dejó el arco e invitó a los príncipes a probarlo. Y sucedió que ninguno de ellos tuvo fuerzas suficientes

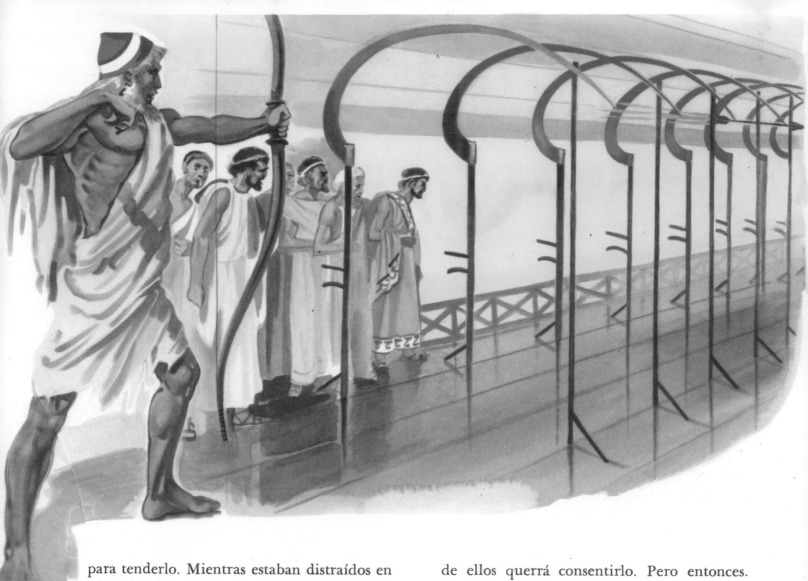

para tenderlo. Mientras estaban distraídos en tal juego, Eumeo y Filetio, transidos de dolor, salieron de la sala y Ulises los siguió. Como si fuera por simple curiosidad, el forastero preguntó a los pastores qué harían ellos en caso de que Ulises apareciera de pronto en la casa. Los fieles servidores manifestaron que no vacilarían un momento en ponerse junto a él contra los príncipes.

—Pues bien —dijo entonces Ulises—. Yo soy vuestro rey. Veinte años de ausencia me han cambiado mucho, pero esta cicatriz os convencerá de que digo la verdad.

Separó los harapos que cubrían sus piernas y ante los asombrados ojos de sus servidores apareció la antigua herida. Con los ojos anegados en lágrimas, se echaron entonces a sus pies y lo abrazaron. Ulises les explicó en seguida su plan. Debían entrar, uno por uno, otra vez en la sala.

—Yo voy a pedir que me dejen probar fuerzas con el arco, y seguramente ninguno de ellos querrá consentirlo. Pero entonces. Eumeo, por mucho que protesten, tú me lo traerás. Ordena luego a las mujeres que suban a sus habitaciones y no se muevan, por mucho ruido que oigan. Y tú, Filetio, cerrarás bien las puertas del patio con cerrojo.

Regresó Ulises junto a su mesa y poco después le siguieron sus servidores. Los pretendientes habían abandonado el juego, ya que en vista del fracaso, suponían que, siendo aquél el día dedicado a la festividad de Apolo, el dios no los había protegido. Por lo que decidieron dejarlo para el próximo.

—Pretendientes de la hermosa reina —dijo Ulises—. Ahora quiero yo probar fuerzas con el arco, para ver si no ha disminuido mi energía.

Estas palabras provocaron viva indignación entre los príncipes por el desprecio que por él sentían, y el temor de que el mendigo lograra lo que ninguno había podido hacer. Lo increparon, pero intervino Penélope.

—Los huéspedes de Telémaco no deben ser despreciados —dijo—. Y nadie tiene derecho a suponer que si este hombre consiguiera tender el arco, pudiera creerse con derecho a considerarme su mujer. Estoy segura de que no es un loco para suponerlo. Dadle, pues, el arco y las flechas y veamos cómo se porta.

Con estas palabras se retiró Penélope, en tanto que Eumeo entregaba al huésped el arco y las flechas. El héroe probó la cuerda, y viendo que todo iba bien, la tendió cual si fuese la de una cítara y la hizo vibrar sonoramente. En seguida, tomó una flecha, y sin levantarse siquiera, apuntó al blanco y la flecha atravesó limpiamente los doce anillos.

—¡Telémaco! gritó entonces el huésped—. Mis fuerzas están intactas y no como suponían estos insolentes· que me despreciaban. Pero vamos, prepárales la cena para que luego puedan dedicarse a la música.

Al decir esto, le hizo una señal y Telémaco se ciñó la espada, tomó la lanza y cubierto de reluciente escudo, se colocó junto a la silla de su padre. Entonces Ulises se levantó de un salto y empuñando el arco, derramó a sus pies las flechas que colmaban la aljaba mientras decía:

—¡Basta ya de torneos! ¡Otro fin tengo y otro será el blanco!

Apuntó la flecha hacia Antinoo que pocos segundos después caía como fulminado por el rayo. Los pretendientes se pusieron de pie ruidosamente; gritaban y corrían en busca de armas, pero las puertas estaban cerradas y en la gran sala no había escudo ni lanza de qué echar mano. Furiosos contra Ulises, lo increparon por la muerte de Antinoo, que creyeron accidental.

—¡Perros! —exclamó entonces el rey héroe—. Creísteis que no volvería de Troya y os dedicasteis a cortejar a mi esposa y a destruir mi palacio. ¡Ahora os espera la muerte!

Los príncipes se hallaban dominados por el terror; ahora lo comprendían todo y sabían quién era realmente el harapiento mendigo. Eurímaco fue quien reaccionó primero con más valor, y exhortó a los demás a luchar.

Había empezado a desenvainar la espada cuando un certero flechazo disparado por Ulises lo dejó tendido. Mientras el héroe dispuso de flechas fue derribando uno a uno a sus enemigos. Después, dejó el arco, se cubrió con un escudo y asió dos fuertes lanzas. De tal modo, con las armas que había tenido la precaución de proveerse y asistido por Telémaco, Eumeo y Filetio, enfrentó a sus muchísimos enemigos. Una vez más intentaron los pretendientes arrojar contra él sus picas, pero Minerva desviaba sus tiros y apenas si hirieron levemente a Telémaco y a Eumeo. La lucha terrible y enconada terminó con el triunfo de Ulises, y sus indignos enemigos quedaron tendidos en la vasta sala.

Ulises pidió a Telémaco que hiciese venir a Euriclea, y cuando ella se presentó, le ordenó que llamase a Penélope. Euriclea obedeció puntualmente y loca de alegría, corrió con la agilidad de una muchacha a las habitaciones de la reina.

—Penélope, hija mía, despierta, ven a contemplar con tus propios ojos lo que tanto has deseado. Ulises ha regresado al fin; ha matado a los pretendientes que saqueaban su palacio y que tanto te han hecho sufrir.

—Ama —respondió la discreta Penélope—. No vengas con tales desatinos a afligir aún más mi corazón.

—No me burlo, querida hija; cuanto te digo es verdad. Ulises es el huésped a quien todos insultaban. Telémaco lo sabía, pero con sabia prudencia ocultó los propósitos de su padre. Ven, hija mía, ven conmigo.

Penélope bajó a la sala. Allí la esperaba Ulises, con el corazón ansioso y esperando que ella se arrojara en sus brazos al reconocerlo.

—Te pareces a mi esposo —dijo entonces ella—, pero quiero antes cerciorarme de que eres él en persona. Hay secretos que sólo Ulises y yo conocíamos y puedo ponerte a prueba.

Ulises sintió que la cólera inundaba su alma, y presa de gran disgusto, habló a su mujer recordándole un trabajo que él había realizado: crecía en un tiempo en el patio del palacio un enorme olivo, con cuyo grueso tronco construyó un lecho decorado con oro, plata y marfil. A punto estuvo Penélope de desmayarse al oírlo, tanta fue su alegría; corrió hacia él y echándole los brazos al cuello, cubrió de besos su rostro pidiéndole que no se enfadara.

—Sólo temía un engaño, y que otro hombre se valiera de un simple parecido para ocupar tu lugar —murmuró.

Estas palabras enternecieron a Ulises, que no pudo evitar las lágrimas, ahora verdaderas lágrimas de felicidad.

—Querida Penélope, todavía no han terminado mis trabajos —dijo luego—. Aún me falta otra empresa muy grande y muy difícil de realizar. Pero olvidemos eso ahora y dejemos por el momento toda inquietud.

—Sé que los dioses —replicó ella— te han prometido larga y venturosa vida, de manera que cumplirás gloriosamente los trabajos que te faltan.

Era ya muy tarde y todos se retiraron a descansar. Los felices esposos conversaron aún largamente durante un rato, ya que Penélope refirió a su marido cuánto había sufrido y él a su vez contó todas sus penas e infortunios. Mientras Ulises hablaba, no permitió Penélope que el sueño venciera sus ojos. Y pudo así conocer toda la historia de sus sufrimientos, desde el momento en que junto a sus hombres venció a los cicones, hasta que, tras muchísimas penurias y fatigas, llegó al país de los feacios que lo trataron como a un dios, y en veloz nave lo llevaron luego a su patria colmándolo de regalos.

Esto fue lo último que Ulises refirió a su esposa, cuando ya el sueño los vencía a los dos.

ÍNDICE

LA ILIADA

LA ODISEA

Esta edición se terminó de imprimir en mayo de 1999, en Indugraf S.A., Sánchez de Loria 2251, Buenos Aires.